Recettes à l'e[spagnole]

maraboutchef

Pas besoin d'être un cordon bleu confirmé pour
réussir les recettes qui suivent. Il faut simplement
avoir envie de cuisiner, pour soi, sa famille ou
ses amis. Sortez de la routine, c'est le moment
d'essayer des plats qui changent un peu et de
combiner des saveurs nouvelles. Pas de soucis :
la réussite est garantie puisque ces recettes sont
déjà « passées trois fois à la casserole » avant de
vous être proposées. Alors, à vos fourneaux !

Sommaire

Les tapas

Les tapas sont à l'Espagne ce que les pâtes sont à l'Italie : une tradition et un art de vivre. Ces amuse-gueule sont servis dans presque tous les bars, pour accompagner le vin. On les déguste sans chichis, avec les doigts ou avec des petites piques en bois. Olives marinées, morceaux de jambon cru ou fines tranches de fromage, petits poulpes grillés, boulettes de viande en sauce : le choix est très varié et appétissant.

Olives marinées

Pour 800 g environ

PRÉPARATION 5 MINUTES • MARINADE 2 JOURS

Olives au piment

500 g d'olives noires
5 petits piments rouges frais émincés très finement
3 gousses d'ail pilées
1 c. c. de cumin en poudre
1 c. c. de piment en poudre
1 piment doux rouge ou 75 g de poivron épépiné et émincé très finement
2 oignons verts émincés très finement
2 c. s. de jus de citron
2 c. s. de vinaigre de Xérès
80 ml d'huile d'olive

Mélangez tous les ingrédients dans un petit saladier. Couvrez et laissez mariner au moins 2 jours au réfrigérateur avant de servir.

Olives au citron

250 g d'olives vertes
250 g d'olives noires
2 c. c. de zeste de citron râpé
2 c. c. de zeste d'orange râpé
2 c. c. de graines de fenouil grillées à sec
2 c. c. de graines de cumin grillées à sec
1 pincée de cannelle en poudre
1 petit oignon blanc émincé très finement
2 c. s. de jus de citron
60 ml de vinaigre de vin blanc
80 ml d'huile d'olive
quelques feuilles de menthe finement ciselées

Mélangez tous les ingrédients dans un petit saladier. Couvrez et laissez mariner au moins 2 jours au réfrigérateur avant de servir.

Calamars caramélisés à l'orange

Pour 6 à 8 personnes

PRÉPARATION 10 MINUTES • MARINADE 3 HEURES • CUISSON 5 MINUTES

750 g de blancs de calamars

3 gousses d'ail pilées

**1 c. c. de paprika doux
en poudre**

**2 c. c. de zeste d'orange
finement râpé**

1 c. s. de jus d'orange

1 c. de vinaigre de Xérès

55 g de sucre brun

1 c. s. d'huile d'olive

**quelques feuilles de coriandre
ciselées**

1 Ouvrez le corps des calamars, formez sur l'intérieur de petites incisions en losange puis découpez-les en bandes de 2 cm sur 5.

2 Mélangez dans un récipient les calamars et le reste des ingrédients à l'exception de la coriandre. Remuez puis laissez mariner 3 heures au réfrigérateur.

3 Égouttez les calamars et gardez la marinade. Faites chauffer un gril en fonte et faites cuire les calamars à feu vif, jusqu'à ce qu'ils soient dorés. Mettez-les ensuite dans un plat de service. Versez le reste de marinade sur le gril et faites-le réduire 1 minute avant d'en arroser les calamars. Ajoutez la coriandre et servez aussitôt.

Entaillez légèrement le corps des calamars pour former de petits losanges.

Faites cuire les calamars bien égouttés sur un gril en fonte (sans matière grasse).

Palourdes au vin blanc et aux tomates

Pour 6 à 8 personnes

TREMPAGE 1 H 30 • PRÉPARATION 10 MINUTES • CUISSON 15 MINUTES

2 kg de palourdes
3 c. s. de gros sel
60 ml d'huile d'olive
2 gousses d'ail pilées
1 petit bouquet de persil plat
  ciselé grossièrement
125 ml de jus de citron
1 oignon brun émincé
180 ml de vin blanc sec
4 tomates bien mûres
  épépinées et coupées
  en petits dés

1 Rincez les palourdes à grande eau puis mettez-les dans une grande cocotte avec le sel. Couvrez-les largement d'eau froide puis laissez-les reposer 1 h 30 en les brassant régulièrement.

2 Jetez l'eau de trempage des palourdes, rincez ces dernières et égouttez-les.

3 Mélangez l'huile, l'ail, le persil et le jus de citron dans un récipient. Mixez le tout. Faites chauffer ce mélange dans un faitout et faites-y revenir l'oignon jusqu'à ce qu'il soit bien doré. Ajoutez alors les palourdes et le vin blanc. Laissez cuire à feu vif pendant 8 minutes, en agitant régulièrement le faitout pour faire ouvrir les coquillages (jetez celles qui sont restées fermées).

4 Sortez les palourdes du faitout avec une écumoire et mettez-les dans un grand plat de service. Prélevez 125 ml du jus de cuisson et mélangez-le avec les tomates. Versez le tout sur les palourdes et servez aussitôt.

Faites tremper les palourdes dans de l'eau salée en les remuant souvent.

Faites ouvrir les palourdes à feu vif dans un grand faitout.

Beignets de chorizo

Pour 40 pièces environ

PRÉPARATION 45 MINUTES • CUISSON 20 MINUTES

60 ml d'huile d'olive
1 chorizo (170 g environ) coupé en petits morceaux
**2 piments doux rouges ou 150 g de poivron épépiné et émincé
   très finement**
150 g de farine à levure incorporée
55 g de Maïzena
3 gousses d'ail pilées
3 œufs, jaunes et blancs séparés
180 ml de bière
75 g de manchego (fromage de brebis) râpé
quelques brins de persil ciselés
de l'huile végétale pour la friture

1 Faites chauffer 2 cuillerées à café d'huile dans une poêle et faites revenir
   le poivron et le chorizo. Quand le chorizo a bruni, égouttez le mélange
   sur du papier absorbant.

2 Mélangez la farine et la Maïzena dans un saladier et versez progressivement le reste d'huile avant d'ajouter l'ail, les jaunes d'œufs et la bière.
   Fouettez la préparation pour obtenir une pâte homogène, couvrez et
   laissez reposer 30 minutes à température ambiante.

3 Incorporez à la pâte le chorizo et le poivron puis le manchego et le persil.
   Battez les blancs d'œufs en neige ferme puis mélangez-les délicatement
   avec la préparation au chorizo.

4 Faites chauffer l'huile végétale dans une sauteuse. Prélevez plusieurs
   cuillerées de pâte et plongez-les dans l'huile chaude. Quand les beignets
   sont dorés et bien cuits, retirez-les avec une écumoire et égouttez-les sur
   du papier absorbant. Répétez l'opération avec le reste de pâte. Servez
   rapidement.

*Fouettez la pâte pour qu'elle soit homogène
puis laissez-la reposer 30 minutes.*

*Battez les œufs en neige ferme jusqu'à ce
que de petits pics se forment à la surface.*

*Faites frire les beignets dans une grande
quantité d'huile bien chaude.*

Tapas aux anchois

Pour 250 g d'anchoïade

TREMPAGE 10 MINUTES • PRÉPARATION 5 MINUTES • CUISSON 10 MINUTES

8 filets d'anchois en saumure

60 ml de lait

4 c. s. d'huile d'olive

**1 tranche de pain de mie
ou 30 g de mie de pain**

1 bel oignon rouge émincé

**1 gousse d'ail coupé
en quatre**

**quelques feuilles de persil
ciselé**

**quelques feuilles de
marjolaine ciselées**

1 brin de thym frais ciselé

**30 g d'olives noires
dénoyautées et hachées**

4 c. c. de câpres égouttées

2 c. c. de vinaigre de Xérès

1 c. s. de jus de citron

1 Faites tremper les anchois dans le lait pendant 10 minutes.

2 Faites chauffer 1 cuillerée à soupe d'huile dans une poêle et faites frire la tranche de pain de mie. Quand elle est dorée sur les deux faces, retirez-la de la poêle et réservez-la sur une assiette. Rajoutez 1 cuillerée à soupe d'huile dans la poêle et faites revenir l'oignon, l'ail et les herbes, en remuant sans cesse.

3 Mélangez dans le bol du robot les anchois égouttés, le pain frit, le mélange aux oignons, les olives, les câpres, le vinaigre et le jus de citron. Mixez en versant progressivement le reste d'huile pour obtenir une pâte épaisse. Servez avec des tranches de pain de campagne grillées.

Faites tremper les anchois dans du lait pour en adoucir le goût.

Mixez les anchois avec le reste des ingrédients pour obtenir une pâte épaisse.

Champignons sautés au piment

Pour 6 à 8 personnes

CUISSON 10 MINUTES

80 ml d'huile d'olive

50 g de beurre

6 gousses d'ail pilées

**2 petits piments rouges
finement émincés**

**1 kg de petits champignons
de Paris nettoyés**

1 c. s. de jus de citron

**1 pincée de piment séché en
poudre ou en paillettes**

**quelques feuilles de persil
plat ciselées**

Faites chauffer l'huile et le beurre dans une grande poêle. Ajoutez l'ail, les piments rouges et les champignons. Laissez cuire à feu vif 5 minutes en remuant souvent puis ajoutez le reste des ingrédients. Laissez cuire encore 1 à 2 minutes. Servez aussitôt.

ASTUCE

La cuisson doit se faire à feu vif dans une grande poêle pour éviter que les champignons ne rendent trop d'eau.

Tortilla

Pour 6 à 8 personnes

1,5 kg de pommes de terre
1 oignon moyen
80 ml d'huile d'olive
8 œufs légèrement battus
1 c. s. de paprika doux

1 Pelez les pommes de terre puis coupez-les en tranches fines. Faites chauffer la moitié de l'huile dans une sauteuse et faites dorer les tranches de pomme de terre. Quand elles sont bien cuites, égouttez-les sur du papier absorbant. Faites revenir l'oignon coupé en tranches fines dans la même poêle puis réservez-le.

2 Faites chauffer le reste d'huile dans une grande poêle antiadhésive, disposez dedans les pommes de terre et les oignons. Mélangez les œufs battus et le paprika puis versez le tout sur les pommes de terre. Laissez cuire jusqu'à ce que la base de l'omelette soit prise. Retournez-la délicatement sur une grande assiette plate pour la faire glisser ensuite facilement dans la poêle et laissez-la dorer sur l'autre face.

3 Quand la tortilla est cuite, laissez-la reposer 10 minutes hors du feu. Vous pouvez la servir rapidement ou la laisser refroidir et la présenter en petits cubes sur un plateau.

Faites dorer les tranches de pomme de terre sur les deux faces.

Versez les œufs battus sur les pommes de terre en pressant bien.

Retournez délicatement la tortilla pour la faire dorer sur l'autre face.

Fromage de chèvre mariné au piment et à l'estragon

Pour 500 g environ

PRÉPARATION 5 MINUTES • MARINADE 1 JOURNÉE

500 g de fromage de chèvre

375 ml d'huile d'olive

2 c. s. de vinaigre de vin rouge

2 c. s. d'estragon ciselé

2 petits piments rouges émincés

6 gousses d'ail pilées

1 c. s. de poivre noir concassé

Coupez le fromage de chèvre en cubes puis mettez-le dans un bocal avec le reste des ingrédients. Laissez-le mariner au moins 1 journée au réfrigérateur. Au moment de servir, égouttez le fromage et mettez-le dans un bol puis arrosez-le avec 2 cuillerées à soupe de marinade.

ASTUCE

Pour cette recette, choisissez un fromage à pâte ferme (tomme de chèvre ou fromage affiné et un peu sec). Faites-le mariner au moins 1 journée pour lui laisser le temps de s'imprégner de la saveur des aromates.

Crevettes sautées au beurre d'ail

Pour 6 à 8 personnes

PRÉPARATION 10 MINUTES • CUISSON 10 MINUTES

1 kg de crevettes crues
2 c. s. d'huile d'olive
6 gousses d'ail pilées
50 g de beurre en morceaux
1 c. s. de jus de citron
1 poignée de persil ciselé

1 Décortiquez les crevettes et retirez la veine centrale en gardant les queues intactes.

2 Faites chauffer l'huile dans une grande sauteuse et faites revenir l'ail. Dès qu'il embaume, ajoutez les crevettes et faites-les cuire en remuant souvent pour que l'ail ne brûle pas.

3 Quand les crevettes sont roses et cuites uniformément, ajoutez le beurre et le jus de citron. Laissez encore 1 à 2 minutes sur le feu puis saupoudrez de persil et servez.

Décortiquez les crevettes en gardant les queues ; retirez la veine centrale.

Faites cuire les crevettes dans une grande sauteuse et faites-les revenir à feu vif.

Empanadillas à l'agneau et au chorizo

Pour 24 pièces environ

PRÉPARATION 45 MINUTES • CUISSON 30 MINUTES

300 g de farine
60 ml d'huile d'olive
2 c. c. de jus de citron
160 ml de lait environ
1 œuf légèrement battu

Garniture

2 c. s. d'huile d'olive
1 petit oignon blanc émincé
2 gousses d'ail pilées
150 g de viande d'agneau hachée
85 g de chorizo grossièrement haché
2 c. s. de coulis de tomate
2 c. s. de vin rouge
60 ml de bouillon de volaille
**1 c. s. d'olives noires dénoyautées
   et grossièrement hachées**

1 Tamisez la farine dans un grand saladier, ajoutez l'huile, le jus de citron et assez de lait pour obtenir une pâte homogène. Pétrissez la pâte sur un plan de travail fariné puis couvrez-la et laissez-la reposer 10 minutes.

2 Étalez la pâte entre deux feuilles de papier sulfurisé pour obtenir une abaisse assez fine dans laquelle vous découperez 24 disques avec un emporte-pièce d'environ 8 cm de diamètre.

3 Disposez quelques cuillerées de garniture au centre de chaque disque puis fermez les empanadillas et scellez bien les bords en les roulant délicatement. Badigeonnez-les d'œuf battu puis mettez-les sur une plaque de cuisson légèrement graissée et faites-les cuire au four (180 °C) pendant 15 minutes, jusqu'à ce qu elles soient dorées.

Garniture Faites chauffer l'huile dans une sauteuse et faites revenir l'oignon et l'ail. Ajoutez ensuite l'agneau haché et le chorizo. Quand ils ont bruni, versez le coulis de tomate, le vin et le bouillon. Ajoutez les olives et laissez mijoter 5 minutes.

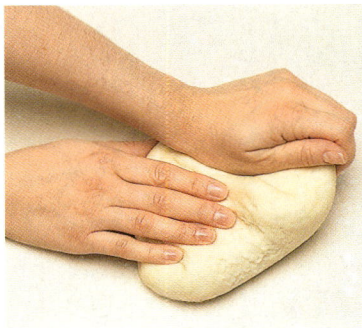

Pétrissez la pâte sur le plan de travail fariné puis laissez-la reposer 10 minutes.

Étalez la pâte avant d'y découper des disques de 8 cm de diamètre environ.

Pincez les bords en les roulant délicatement pour obtenir un effet décoratif.

Chorizo frit à l'ail

Pour 6 à 8 personnes

PRÉPARATION 10 MINUTES • CUISSON 10 MINUTES

4 chorizos de 150 g chacun
2 c. s. d'huile d'olive
2 gousses d'ail pilées
1 bouquet de persil ciselé

1 Coupez les chorizos en tranches larges de 5 mm d'épaisseur environ puis faites-les revenir à sec dans une poêle antiadhésive. Quand ils croustillent, égouttez-les sur du papier absorbant.

2 Faites chauffer l'huile dans la même poêle (après avoir jeté le gras du chorizo) et faites revenir l'ail. Quand il embaume, ajoutez les tranches de chorizo pour les faire réchauffer rapidement. Saupoudrez-les de persil et retirez la poêle du feu. Servez rapidement.

Coupez le chorizo en diagonale pour obtenir des tranches larges.

Faites d'abord frire le chorizo puis réchauffez-le rapidement avec l'ail cuit.

Courgettes grillées au piment et au basilic

Pour 4 à 6 personnes

PRÉPARATION 5 MINUTES • CUISSON 10 MINUTES • MARINADE 1 HEURE

750 g de petites courgettes

80 ml d'huile d'olive

2 c. s. de vinaigre de Xérès

quelques feuilles de basilic ciselées

2 petits piments rouges épépinés et émincés

1 Coupez les courgettes en tranches dans la longueur et faites-les griller sur les deux faces, sur un gril en fonte légèrement huilé.

2 Mélangez dans un bol l'huile, le vinaigre, le basilic et les piments. Versez ce mélange sur les courgettes chaudes, remuez délicatement et laissez reposer au moins 1 heure à température ambiante avant de déguster.

Petite friture au piment

Pour 6 à 8 personnes

MARINADE 3 HEURES • CUISSON 5 MINUTES

1 kg de petite friture ou blanchaille
125 ml de vinaigre de Xérès
4 gousses d'ail pilées
2 c. s. d'origan frais ciselé
1 petit piment rouge émincé très finement
1 c. s. de poivre rouge concassé
75 g de farine
de l'huile végétale pour la friture

1 Mettez la blanchaille dans un récipient. Mélangez dans un bol le vinaigre, l'ail, l'origan, le piment et le poivre, puis versez cette marinade sur la friture. Couvrez et laissez au moins 3 heures au réfrigérateur.

2 Égouttez la blanchaille et mettez-la à égoutter quelques minutes sur du papier absorbant pour enlever tout le liquide. Farinez-la ensuite des deux côtés.

3 Faites chauffer l'huile végétale dans une grande sauteuse et faites frire la blanchaille. Retirez-la dès qu'elle commence à dorer et égouttez-la sur du papier absorbant. Servez très rapidement.

ASTUCES

• Si vous achetez de la friture surgelée, faites-la décongeler au micro-ondes ou laissez-la plusieurs heures au réfrigérateur. Essuyez-la avec du papier absorbant pour enlever toute l'humidité.

• Servez cette friture avec des quartiers de citron. Proposez en abondance rince-doigts et serviettes en papier…

Égouttez la blanchaille sur du papier absorbant pour enlever tout le liquide.

Faites frire la blanchaille en plusieurs fois dans de l'huile très chaude.

Poivrons rouges grillés

Pour 6 à 8 personnes

PRÉPARATION 15 MINUTES • CUISSON 55 MINUTES • MARINADE 3 HEURES

6 poivrons rouges
2 c. s. de vinaigre de Xérès
60 ml d'huile d'olive
2 gousses d'ail pilées
1 pincée de piment
de Cayenne

1. Coupez les poivrons en quatre et épépinez-les puis faites-les rôtir 45 minutes au four (180 °C), dans un grand plat pouvant aller sur le feu, en les retournant plusieurs fois. Quand ils sont tendres, sortez-les du four, couvrez-les d'une feuille d'alu puis laissez-les reposer 5 minutes avant de les éplucher (la peau doit s'enlever facilement).

2. Versez le vinaigre et l'huile dans le plat des poivrons, ajoutez l'ail et remuez avec une cuillère en bois pour déglacer le jus de cuisson. Laissez chauffer jusqu'à ce que l'ail soit juste tendre puis versez cette sauce sur les poivrons tièdes, dans un plat de service. Saupoudrez de poivre de Cayenne. Mettez les poivrons au réfrigérateur pendant au moins 3 heures avant de les déguster.

Faites rôtir les poivrons dans un plat pouvant aller sur le feu.

Déglacez le jus de cuisson des poivrons avec l'huile et le vinaigre mélangés.

Brochettes de porc aux épices

Pour 12 pièces

MARINADE 3 HEURES • PRÉPARATION 10 MINUTES • CUISSON 10 MINUTES

750 g de filet mignon de porc

6 gousses d'ail pilées

1 c. s. de cumin en poudre

2 c. c. de coriandre séchée

2 c. c. de paprika fort

1 petit bouquet de persil ciselé

1 petit bouquet d'origan ciselé

125 ml d'huile d'olive

1 Coupez le filet de porc en cubes de 3 cm de côté puis mettez-le dans un saladier avec le reste des ingrédients. Remuez bien puis laissez mariner au moins 3 heures au réfrigérateur.

2 Préparez les brochettes de porc. Réservez la marinade.

3 Faites chauffer un gril en fonte (ou allumez le barbecue) et faites griller les brochettes en les arrosant régulièrement de marinade. La viande doit être bien cuite (blanche à l'intérieur) et dorée.

ASTUCE

Si vous utilisez des brochettes en bambou, faites-les tremper au moins 1 heure dans l'eau pour éviter qu'elles ne brûlent.

Sardines frites aux herbes et coulis de tomates rôties

Pour 4 à 6 personnes

PRÉPARATION 10 MINUTES • CUISSON 45 MINUTES

24 petites sardines en filets

un peu de farine

4 œufs légèrement battus

250 g de chapelure

1 petit bouquet de persil ciselé

1 petit bouquet d'origan ciselé

de l'huile végétale pour la friture

Coulis de tomates rôties

6 tomates olivettes bien mûres

4 gousses d'ail pilées

2 c. s. de vinaigre de Xérès

2 c. s. de sucre brun

1 oignon brun en morceaux

2 c. s. d'huile d'olive

1 Préparez le coulis de tomate. Mélangez dans une assiette creuse la chapelure et les herbes ciselées

2 Farinez les filets de sardine avant de les passer dans l'œuf battu puis dans la chapelure.

3 Faites frire les sardines dans une grande quantité d'huile brûlante (procédez en plusieurs fois) jusqu'à ce qu'elles soient dorées. Égouttez-les sur du papier absorbant et servez-les rapidement avec le coulis de tomate.

Coulis de tomates rôties Mélangez tous les ingrédients dans un grand plat et faites-les rôtir 45 minutes au four (220 °C). Mixez le tout pour obtenir une sauce épaisse et lisse.

ASTUCES

• Servez cette friture avec des quartiers de citron. Proposez en abondance rince-doigts et serviettes en papier…

• Vous pouvez préparer le coulis avec une quantité égale de tomates et de poivrons. Passez-le dans un tamis fin si vous n'aimez pas les petites peaux.

• Pour varier les saveurs, ajoutez du paprika ou du piment en poudre au mélange chapelure-herbes.

Farinez les sardines avant de les passer dans l'œuf battu puis dans la chapelure.

Faites frire les filets de sardine dans une grande quantité d'huile très chaude.

Pommes de terre et mayonnaise à l'ail rôti

Pour 8 à 10 personnes

PRÉPARATION 10 MINUTES (+ REFROIDISSEMENT) • CUISSON 45 MINUTES • RÉFRIGÉRATION 3 HEURES

1,5 kg de petites pommes de terre nouvelles coupées en deux
1 poignée de persil frais ciselé
1 pincée de piment de Cayenne

Mayonnaise à l'ail rôti

1 tête d'ail
250 ml d'huile d'olive
2 jaunes d'œufs
1 c. s. de jus de citron
1 c. s. d'eau chaude environ

1 Commencez à préparer la mayonnaise en mettant l'ail à rôtir au four. Pendant ce temps, faites cuire les pommes de terre à l'eau ou à la vapeur puis égouttez-les et laissez-les refroidir.

2 Mélangez les pommes de terre, la mayonnaise et le persil dans un grand saladier. Mettez au réfrigérateur au moins 3 heures avant de déguster. Saupoudrez de piment de Cayenne au moment de servir.

Mayonnaise à l'ail rôti Mettez la tête d'ail entière dans un petit plat et badigeonnez-la avec 1 cuillerée à soupe d'huile d'olive. Faites-la rôtir 45 minutes au four (200 °C). Laissez-la refroidir 15 minutes environ puis coupez-la en deux et pressez-la au-dessus d'un récipient pour en extraire la pulpe. Fouettez ensemble la pulpe d'ail, les jaunes d'œufs et le jus de citron. Quand le mélange est homogène, versez progressivement l'huile sans cesser de fouetter pour obtenir une mayonnaise épaisse. Ajoutez si nécessaire un peu d'eau chaude pour la rendre plus ferme.

Pressez la tête d'ail rôtie au-dessus d'un récipient pour récupérer la pulpe.

Mixez l'ail, les jaunes d'œufs et le jus de citron avant d'ajouter l'huile.

Chipirones grillés au piment

Pour 6 à 8 personnes

PRÉPARATION 20 MINUTES • MARINADE 3 HEURES • CUISSON 10 MINUTES

1 kg de petits poulpes
60 ml d'huile d'olive
80 ml de jus de citron
6 gousses d'ail
4 petits piments rouges
**   émincés très finement**
1 c. s. de paprika doux

1 Séparez les tentacules et les têtes de poulpes puis nettoyez-les bien (retirez les yeux). Ouvrez la tête et retirez l'intérieur ; enlevez aussi la peau si elle vient facilement.

2 Mélangez les poulpes avec le reste des ingrédients dans un saladier, couvrez et mettez au moins 3 heures au réfrigérateur.

3 Faites chauffer un gril en fonte et faites cuire les poulpes (égouttez-les d'abord) en plusieurs fois, en les badigeonnant régulièrement de marinade. Servez sans attendre.

ASTUCE

Vous pouvez ne préparer cette recette qu'avec les tentacules. Dans ce cas, réservez les têtes pour les préparer en marinade froide (voir p. 29) ou faites les cuire avec ail, échalote et tomates fraîches. Servez avec un riz nature.

Préparez les poulpes en séparant les têtes et les tentacules.

Faites cuire les poulpes à feu vif sur un gril en fonte.

27

Encornets marinés au citron et au basilic

Pour 8 à 10 personnes

PRÉPARATION 20 MINUTES • CUISSON 5 MINUTES • MARINADE 4 H 15

5 kg de d'encornets
625 ml d'huile d'olive
60 ml de jus de citron
2 gousses d'ail pilées
2 c. s. de vinaigre de Xérès
2 petits piments rouges émincés très finement
1 pincée de poivre noir concassé
quelques feuilles d'origan ciselées

1   Préparez les encornets en retirant les becs et l'os intérieur (pour gagner du temps, faites-les préparer par votre poissonnier). Faites-les pocher 1 minute dans l'eau bouillante (après la reprise de l'ébullition) puis égouttez-les bien. Mettez-les dans une casserole moyenne (ils coivent être très serrés) et couvrez-les d'huile (environ 500 ml).

2   Placez sur la casserole un couvercle retourné ou une assiette creuse, mettez un poids dessus et laissez mariner au moins 1 h 15. Quand les encornets sont attendris égouttez-les ; jetez l'huile.

3   Retirez la peau des encornets en la faisant glisser entre vos doigts (tenez fermement avec l'autre main) ; coupez-les en petits morceaux.

4   Mélangez dans un bol le reste des ingrédients. Mettez les encornets dans un grand saladier et versez la sauce dessus. Laissez reposer au moins 3 heures au réfrigérateur.

Tassez les encornets dans une casserole moyenne avant de les recouvrir d'huile.

Couvrez la casserole en mettant un poids dessus (une boîte de conserve pleine).

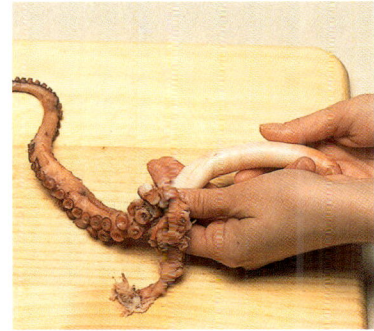

Retirez la peau des tentacules en pressant fermement ces derniers entre vos doigts.

Boulettes de viande aux olives vertes

Pour 6 à 8 personnes

PRÉPARATION 30 MINUTES • CUISSON 40 MINUTES

1 kg de viande hachée
  (porc et veau mélangés)

3 gousses d'ail pilées

quelques feuilles d'origan

quelques feuilles de persil

70 g de chapelure

1 œuf légèrement battu

2 c. s. d'huile d'olive

1 oignon brun finement
  haché

1 c. c. de paprika doux

2 petits piments rouges
  émincés très finement

1 bâton de cannelle

850 g de tomates pelées
  en boîte

250 ml de bouillon de bœuf

2 c. c. de pesto de tomates
  séchées

250 g d'olives vertes
  dénoyautées

Préparez les boulettes de viande puis laissez-les raffermir au réfrigérateur.

1 Mélangez la viande hachée, l'ail, les herbes ciselées, la chapelure et l'œuf. Formez ensuite une cinquantaine de boulettes puis étalez-les dans un grand plat et faites-les raffermir 30 minutes au réfrigérateur.

2 Faites chauffer la moitié de l'huile dans une sauteuse et faites dorer les boulettes en plusieurs fois, jusqu'à ce qu'elles soient bien cuites. Égouttez-les sur du papier absorbant.

3 Faites chauffer le reste d'huile dans la même sauteuse et faites revenir l'oignon à feu vif avant d'ajouter le paprika, le piment et la cannelle. Remuez bien puis versez les tomates avec leur jus, le bouillon et le pesto. Laissez cuire 10 minutes à feu moyen, en mélangeant la sauce avec une spatule en bois pour écraser les tomates. Quand le mélange a épaissi, ajoutez les boulettes de viande et les olives. Prolongez la cuisson encore 10 minutes. Retirez le bâton de cannelle avant de servir.

Faites épaissir la sauce avant d'y ajouter les boulettes de viande et les olives.

Artichauts marinés à l'origan

Pour 6 personnes

PRÉPARATION 15 MINUTES • CUISSON 20 MINUTES • MARINADE 3 HEURES

6 artichauts violets

125 ml de jus de citron

80 ml d'huile d'olive

1 c. s. de vinaigre de vin blanc

2 gousses d'ail pilées

**1 petit oignon rouge coupé
en anneaux très fins**

**1 c. s. de feuilles d'origan
frais ciselées**

1 Coupez les tiges des artichauts ainsi que les feuilles les plus dures. Coupez la tête puis frottez les artichauts avec un peu de jus de citron.

2 Faites bouillir de l'eau dans une grande casserole, ajoutez le reste du jus de citron et faites-y blanchir les artichauts pendant 20 minutes. Égouttez-les bien.

3 Prélevez quelques feuilles tendres de l'intérieur avec une petite cuillère puis coupez les artichauts en quatre et mettez-les dans un récipient. Fouettez ensemble l'huile, le vinaigre et l'ail et versez cette sauce sur les artichauts. Remuez et réfrigérez 3 heures au moins. Au moment de servir, garnissez les artichauts d'oignon et d'origan.

Coupez l'extrémité des feuilles extérieures avant de retirer la tête des artichauts.

Ôtez quelques feuilles tendres de l'intérieur avec une petite cuillère.

Cailles sautées aux tomates et à la menthe

Pour 6 à 8 personnes

PRÉPARATION 10 MINUTES • CUISSON 20 MINUTES • MARINADE 3 HEURES

6 cailles
1 c. c. de cumin en poudre
3 gousses d'ail pilées
60 ml d'huile d'olive
**2 tomates bien mûres épépinées
    et coupées en petits dés**

Sauce à la menthe
125 ml d'huile d'olive
80 ml de vinaigre de vin blanc
quelques feuilles de menthe ciselées

1 Fendez les cailles en deux de part et d'autre du sternum puis recoupez chaque moitié en deux. Mettez-les dans un récipient avec le cumin, l'ail et 1 cuillerée à soupe d'huile. Remuez bien.

2 Faites chauffer le reste d'huile dans une sauteuse et faites dorer les cailles à feu vif, en les retournant souvent. Quand elles sont bien dorées, mettez-les dans un plat et faites-les rôtir au four pendant 15 minutes (180 °C).

3 Mettez les cailles dans un plat de service, versez dessus la sauce à la menthe, couvrez et mettez au réfrigérateur au moins 3 heures. Au moment de servir, garnissez-les de dés de tomate.

Sauce à la menthe Mélangez tous les ingrédients dans un bocal, fermez le couvercle et agitez bien.

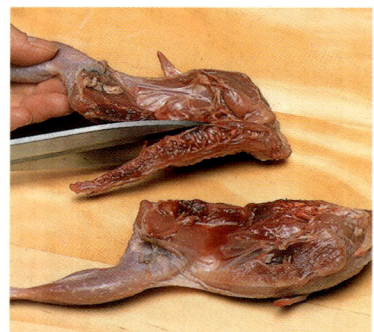

Coupez les cailles en deux de part et d'autre du sternum. Jetez ce dernier.

Recoupez chaque moitié en deux avant de les mélanger avec le cumin et l'ail.

Faites dorer les cailles dans une sauteuse et terminez la cuisson au four.

Croûtons aillés aux deux garnitures

Pour 40 pièces environ

TREMPAGE 24 HEURES • CUISSON 5 MINUTES • PRÉPARATION 30 MINUTES

200 g de morue salée

2 baguettes

10 gousses d'ail

125 ml d'huile d'olive

150 g de roquefort ou de fourme d'Ambert

2 c. s. de pignons de pin grillés à sec

5 cœurs d'artichauts marinés

1 Faites dessaler la morue pendant 24 heures dans de l'eau froide (changez l'eau plusieurs fois et mettez-la dans une passoire pour que le sel tombe au fond du récipient). Égouttez-la bien et faites-la pocher 1 minute dans une grande casserole d'eau bouillante. Retirez-la avec une écumoire et passez-la sous l'eau froide avant de l'émietter grossièrement (retirez les arêtes).

2 Coupez les baguettes en tranches de 1 cm d'épaisseur et faites-les griller au four. Quand elles sont bien dorées, frottez-les d'ail sur un seul côté puis badigeonnez-les d'huile. Garnissez la moitié des tranches de morceaux de fromage et de pignons de pin. Répartissez la morue sur les tranches restantes puis ajoutez un quartier de cœur d'artichaut.

Émiettez grossièrement la morue en vous aidant d'une fourchette.

Faites griller les tranches de pain avant de les frotter d'ail sur un seul côté.

Tartelettes aux œufs, tomates et asperges

Pour 24 pièces

PRÉPARATION 45 MINUTES • CUISSON 20 MINUTES

225 g de farine
**125 g de beurre coupé
  en morceaux**
1 jaune d'œuf
1 c. s. d'eau froide

Garniture

1 c. s. d'huile d'olive
**1 oignon rouge émincé très
  finement**
**3 tranches de bacon
  émincées très finement**
**170 g de petites asperges
  vertes coupées en petits
  morceaux**
**1 petit poivron vert épépiné
  et coupé en petits
  morceaux**
**1 tomate épépinée et coupée
  en petits morceaux**
5 œufs légèrement battus
**1/2 c. c. de poivre noir
  concassé**

*Mixez les ingrédients pour former une boule
de pâte compacte.*

*Étalez la pâte en une fine abaisse
puis garnissez-en les moules.*

1 Graissez 24 petits moules. Mixez la farine et le beurre pour obtenir une pâte grumeleuse puis ajoutez le jaune d'œuf en mixant toujours ; versez si nécessaire un peu d'eau froide pour que les ingrédients soient juste amalgamés en une boule épaisse. Pétrissez la pâte sur un plan de travail fariné avant de la mettre 30 minutes au réfrigérateur enveloppée dans du film alimentaire.

2 Étalez la pâte au rouleau entre deux feuilles de papier sulfurisé puis découpez 24 disques de la taille des moules et garnissez-en ces derniers. Piquez la pâte avec une fourchette puis faites-la cuire 5 minutes au four (200 °C). Quand elle est bien dorée, remplissez chaque tartelette de garniture chaude.

Garniture   Faites chauffer l'huile dans une sauteuse et faites revenir l'oignon et le bacon. Quand l'oignon est tendre, ajoutez les asperges, le poivron et la tomate. Laissez cuire 3 minutes à feu vif puis versez les œufs battus et saupoudrez de poivre. Retirez du feu dès que les œufs sont cuits.

Beignets de crevettes au safran, sauce romesco

Pour 6 à 8 personnes

PRÉPARATION 45 MINUTES • CUISSON 45 MINUTES

1,2 kg de grosses crevettes crues
75 g de farine
125 ml de bière
2 c. s. d'huile d'olive
1 pincée de safran
2 blancs d'œufs
de l'huile végétale pour la friture

Sauce romesco

1 petit poivron rouge
2 tomates
4 gousses d'ail avec la peau
100 ml d'huile d'olive
1 tranche de pain de mie coupée en petits dés
40 g d'amandes blanchies
1 oignon émincé
1 petit piment rouge émincé
1 c. c. de paprika doux
2 c. s. de vinaigre de Xérès
1 c. s. d'eau
2 c. s. de sucre en poudre

1 Décortiquez les crevettes en gardant la queue puis retirez la veine centrale.

2 Mettez la farine dans un récipient. Dans un autre récipient, mélangez la bière, l'huile et le safran puis versez progressivement ce mélange sur la farine, en fouettant bien. Couvrez et laissez reposer 30 minutes à température ambiante. Battez les blancs d'œufs en neige ferme puis incorporez-les délicatement à la pâte.

3 Plongez les crevettes une à une dans la pâte en les secouant pour éliminer l'excédent puis faites-les frire dans l'huile végétale brûlante. Quand elles sont dorées, retirez-les avec une écumoire et égouttez-les sur du papier absorbant. Servez aussitôt avec la sauce romesco.

Sauce romesco Coupez le poivron en quartiers (retirez les pépins et les membranes blanches) et les tomates en deux. Mettez-les dans un grand plat légèrement huilé avec les gousses d'ail entières et faites-les rôtir 25 minutes au four. Sortez-les du four, couvrez-les de papier alu et laissez-les reposer 5 minutes avant de les éplucher (la peau doit s'enlever facilement). Faites chauffer 1 cuillerée à soupe d'huile dans une sauteuse et faites dorer le pain et les amandes ; égouttez-les sur du papier absorbant. Faites revenir l'oignon, le piment et le paprika dans la même poêle. Quand l'oignon est cuit, mettez-le dans un récipient avec les tomates, les morceaux de poivron, l'ail, le pain et les amandes, le vinaigre, l'eau et le sucre. Mixez le tout en versant progressivement le reste de l'huile.

Décortiquez les crevettes en gardant la queue puis retirez la veine centrale.

Faites rôtir au four le poivron, les tomates et les gousses d'ail entières.

Faites dorer dans l'huile le pain coupé en dés et les amandes.

Grignotines de poulet à l'ail

Pour 24 pièces

PRÉPARATION 15 MINUTES • MARINADE 3 HEURES • CUISSON 1 HEURE

12 ailes de poulet
1 c. s. de vinaigre de vin blanc
1 oignon en tranches fines
6 gousses d'ail pilées
2 petits piments rouges
1 c. s. de paprika doux
1 c. c. de paprika fort
60 ml d'huile d'olive
1 c. s. d'origan ciselé

1 Coupez la pointe des ailes de poulet et jetez-la. Coupez les ailes de poulet en deux au niveau de l'articulation.

2 Mettez les ailes de poulet dans un saladier avec le vinaigre, l'oignon, l'ail, les piments émincés, le paprika et l'huile. Mélangez bien, couvrez et laissez mariner 3 heures au moins au réfrigérateur.

3 Disposez les ailes de poulet en une seule couche dans la lèche-frite et faites-les cuire au four pendant 1 heure (180 °C). Au moment de servir, saupoudrez-les d'origan.

Coupez l'extrémité des ailes et jetez-la.

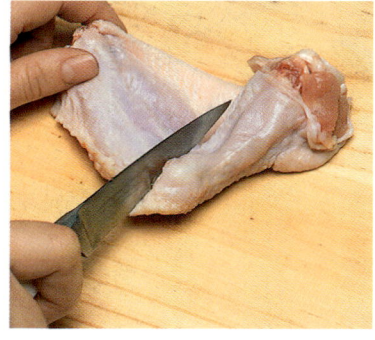

Recoupez les ailes au niveau de l'articulation.

Quartiers de pommes de terre rôtis, sauce au piment

Pour 10 personnes environ

PRÉPARATION 15 MINUTES • CUISSON 1 H 30

1,5 kg de pommes de terre moyennes

2 c. s. d'huile d'olive

1 gousse d'ail écrasée

2 c. s. de sel fin

Sauce au piment

1 c. s. d'huile d'olive

1 petit oignon rouge émincé

1 gousse d'ail pilée

1 petit piment rouge émincé très finement

1 c. c. de paprika doux

425 g de tomates pelées en boîte

2 c. s. de vin blanc sec

1 c. s. de pesto de tomates séchées

1 c. s. de vinaigre de vin blanc

2 c. c. de sucre en poudre

quelques feuilles de coriandre ciselées

1 Coupez les pommes de terre en deux puis en trois dans la longueur. Mélangez-les avec l'huile, l'ail et le sel puis disposez-les en une seule couche dans un grand plat légèrement huilé.

2 Faites-les cuire 1 h 15 au four (200 °C) : elles doivent être dorées et croustillantes. On les mange bien chaudes après les avoir trempées dans la sauce au piment.

Sauce au piment Faites chauffer l'huile dans une sauteuse et faites revenir l'oignon, l'ail, le piment et le paprika. Quand l'oignon est cuit, ajoutez les tomates avec leur jus et le reste des ingrédients à l'exception de la coriandre. Laissez épaissir à feu moyen pendant 15 minutes, en remuant régulièrement. Mixez la sauce avant d'ajouter la coriandre.

Faites rôtir les quartiers de pommes de terre au four.

Faites épaissir la sauce à feu moyen avant de la mixer.

Toasts aux poivrons, tomates et anchois

Pour 40 pièces environ

1 pain italien rond
50 g de manchego (fromage de brebis) en copeaux
20 filets d'anchois à l'huile égouttés
80 ml d'huile d'olive

Garniture à la tomate

5 tomates pelées, épépinées et coupées en morceaux
2 c. s. d'huile d'olive
1 gousse d'ail pilée
quelques feuilles de persil ciselées

Garniture aux poivrons

2 poivrons rouges
2 c. s. d'huile d'olive
1 c. s. de vinaigre de Xérès

1 Coupez le pain en tranches et faites-en griller la moitié au four (sur les deux faces). Étalez la garniture à la tomate sur les tranches grillées puis ajoutez le fromage.

2 Répartissez la garniture aux poivrons sur les autres tranches et terminez par un filet d'anchois. Versez un peu d'huile sur chaque toast.

Garniture à la tomate Mélangez tous les ingrédients dans un récipient.

Garniture aux poivrons Coupez les poivrons en quatre (retirez les pépins et les membranes blanches) puis faites-les griller au four. Quand la peau noircit et commence à se soulever, mettez-les dans un sac en plastique et laissez-les reposer 5 minutes avant de les éplucher (la peau doit s'en aller facilement). Coupez-les en fines lanières et mélangez-les avec le reste des ingrédients.

Chipirones marinés aux poivrons

Pour 6 à 8 personnes

1 kg de petits poulpes
1 litre d'eau
1/2 c. c. de poivre noir
  en grains
4 feuilles de laurier
1 oignon coupé en quatre
1 petit poivron rouge épépiné
  et coupé en morceaux
1 petit poivron vert épépiné
  et coupé en morceaux
80 ml d'huile d'olive
60 ml de vinaigre de vin blanc
2 c. s. de sucre brun
1 c. c. de paprika doux
2 gousses d'ail pilées

1 Séparez les têtes et les tentacules des poulpes (réservez les têtes pour un autre emploi). Coupez les tentacules en quatre.

2 Mettez l'eau, le poivre, le laurier et l'oignon dans une cocotte. Portez à ébullition puis faites blanchir les poulpes et les poivrons 2 minutes. Égouttez le tout et réservez 80 ml d'eau de cuisson.

3 Mélangez l'eau réservée, l'huile, le vinaigre, e sucre, le paprika et l'ail. Quard les poulpes et les poivrons sont tièdes, versez cette marinade dessus. Mélangez bien, couvrez et réservez toute une nuit au réfrigérateur.

Coupez les poulpes à la base des tentacules.

Coupez les tentacules pour les séparer.

Les soupes

Le grand classique, c'est bien sûr le gaspacho, soupe de légumes servie très froide pour atténuer le feu des chaudes journées estivales. Mais l'Espagne a aussi le secret de soupes épaisses et roboratives, aux lentilles, pois chiches et autres légumineuses, au jambon cru bien sûr, mais aussi au poisson…

Gaspacho

Pour 6 personnes

PRÉPARATION 45 MINUTES • RÉFRIGÉRATION 3 HEURES

6 tranches de pain de mie
1 gousse d'ail pilée
80 ml d'huile d'olive
60 ml de vinaigre de Xérès
4 tomates bien mûres pelées, épépinées et coupées en morceaux
2 mini-concombres pelés et coupés en morceaux
1 poivron rouge épépiné et coupé en morceaux
1 oignon rouge coupé en morceaux
80 ml de jus d'orange

Garniture
1 petit oignon rouge coupé en petits dés
1 petit poivron rouge épépiné et coupé en petits dés
1 mini-concombres pelé, épépiné et coupé en petits dés
1 petite tomate épépinée et coupée en petits dés
quelques feuilles de persil ou de coriandre ciselées
12 glaçons

Croûtons
2 tranches de pain de mie
2 c. s. d'huile d'olive

1 Retirez la croûte du pain et coupez les tranches en morceaux. Mettez ces derniers dans un récipient avec l'ail, l'huile et le vinaigre. Laissez reposer 30 minutes.

2 Mixez ensemble le pain mouillé, les tomates, les concombres, le poivron, l'oignon et le jus d'orange. Quand le mélange est homogène, passez-le dans un tamis fin puis mettez-le au moins 3 heures au réfrigérateur. Servez-le dans de grands bols avec la garniture de légumes crus, quelques glaçons et les croûtons.

Garniture Mélangez tous les légumes dans un petit bol et répartissez-les dans les bols de soupe au moment de servir.

Croûtons Retirez la croûte du pain et coupez les tranches en petits cubes. Faites-les dorer dans l'huile chaude (vous pouvez y faire revenir une gousse d'ail pilée pour donner du goût aux croûtons). Égouttez-les sur du papier absorbant.

Mixez tous les légumes puis passez la soupe dans un tamis fin.

Découpez les tranches de pain restantes en petits cubes avant de les faire dorer.

Soupe épicée aux épinards, fèves et pommes de terre

Pour 6 personnes

PRÉPARATION 10 MINUTES • CUISSON 40 MINUTES

1 c. s. d'huile d'olive
1 oignon rouge émincé
2 gousses d'ail pilées
2 c. c. de paprika doux
2 c. c. de cumin en poudre
1 c. c. de coriandre en poudre
1 pincée de cannelle en poudre
425 g de tomates pelées en boîte
800 g de pommes de terre coupées en petits morceaux
1,5 litre de bouillon de légumes
500 g d'épinards préparés
500 g de fèves congelées ébouillantées et pelées

1 Faites chauffer l'huile dans une cocotte et faites revenir l'oignon, l'ail et les épices jusqu'à ce que le mélange embaume.

2 Ajoutez les tomates avec leur jus, les pommes de terre et le bouillon. Portez à ébullition puis laissez frémir 20 minutes avant d'ajcuter les épinards et les fèves. Prolongez la cuisson jusqu'à ce que tous les légumes soient cuits.

Faites revenir l'ail, l'oignon et les épices à feu vif dans la cocotte.

Laissez frémir la soupe jusqu'à ce que les pommes de terre soient tendres.

Soupe d'hiver à la queue de bœuf et aux pois chiches

Pour 6 à 8 personnes

PRÉPARATION 30 MINUTES • CUISSON 3 H 15 • RÉFRIGÉRATION 12 HEURES

2 c. s. d'huile d'olive

1 kg de queue de bœuf coupée en morceaux

500 g de carottes coupées en petits morceaux

200 g de poireau émincé

4 gousses d'ail émincées

2 tiges de céleri émincées

60 ml de coulis de tomate

3 feuilles de laurier

2 litres de bouillon de bœuf

170 g de chorizo coupé en petits dés

425 g de pois chiches en boîte rincés et égouttés

125 g de petites pâtes (étoiles)

Faites dorer les morceaux de queue de bœuf dans une cocotte.

Faites revenir à sec dans une sauteuse les morceaux de chorizo.

1 Faites chauffer l'huile dans une cocotte et faites dorer les morceaux de queue de bœuf. Retirez-les de la cocotte puis faites revenir les carottes, le poireau, l'ail et le céleri. Quand ils sont juste dorés, remettez la queue de bœuf puis ajoutez le coulis de tomate, le laurier et le bouillon. Couvrez et laissez frémir 3 heures.

2 Passez la soupe au tamis et récupérez le bouillon dans une grande casserole. Réservez à part les morceaux de queue de bœuf ; remettez les légumes dans le bouillon (jetez les feuilles de laurier). Désossez la queue de bœuf puis ajoutez-la dans le bouillon (jetez les os). Couvrez la soupe et mettez-la toute une nuit au réfrigérateur.

3 Dégraissez la soupe puis réchauffez-la à feu doux. Pendant ce temps, faites revenir à sec dans une poêle les morceaux de chorizo. Égouttez-les sur du papier absorbant et ajoutez-les à la soupe bien chaude avec les pois chiches et les pâtes. Laissez frémir encore 8 minutes à feu moyen, jusqu'à ce que les pâtes soient cuites.

Soupe de la mer au citron

Pour 6 à 8 personnes

PRÉPARATION 20 MINUTES • CUISSON 35 MINUTES

500 g de crevettes roses crues
250 g de filet de poisson blanc
200 g d'encornets (sans les tentacules)
2 c. c. d'huile d'olive
1 oignon rouge coupé en tranches fines
2 gousses d'ail pilées
2 c. s. de zeste de citron râpé
3 feuilles de laurier
1 c. c. de paprika doux
2 petits piments rouges émincés
125 ml de vin blanc sec
60 ml de jus de citron
2 litres de bouillon de poisson
quelques feuilles de persil ciselées
2 oignons verts émincés très finement

1 Décortiquez les crevettes en gardant la queue et retirez la veine centrale. Coupez le filet de poisson et l'encornet en petits cubes.

2 Faites chauffer l'huile dans une cocotte et faites revenir l'oignon rouge et l'ail. Quand l'oignon est tendre, ajoutez le zeste de citron, le laurier, le paprika et le piment puis mouillez le mélange avec le vin blanc, le jus de citron et le bouillon. Laissez frémir 20 minutes sans couvrir.

3 Ajoutez les crevettes, le poisson et l'encornet puis le persil. Laissez mijoter 2 minutes : les fruits de mer doivent être juste tendres. Retirez la cocotte du feu, enlevez les feuilles de laurier et saupoudrez d'oignon vert.

Préparez les crevettes ; détaillez le poisson et l'encornet en cubes.

Laissez frémir le bouillon 20 minutes à petit feu.

Faites pocher les fruits de mer 2 minutes dans le bouillon.

Soupe de lentilles

Pour 8 à 10 personnes

PRÉPARATION 20 MINUTES • CUISSON 1 H 10

2 c. s. d'huile d'olive

4 gousses d'ail émincées

150 g de jambon en petits dés

1 oignon brun émincé

2 tiges de céleri émincées

1 carotte coupée en dés

1 pomme de terre moyenne coupée en dés

500 g de lentilles brunes

4 litres d'eau

2 feuilles de laurier

800 g de tomates coupées en dés

60 ml de vinaigre de Xérès

2 c. c. de paprika doux

1 Faites chauffer l'huile dans une cocotte et faites revenir l'ail, le jambon, l'oignon, le céleri, la carotte et la pomme de terre. Quand les légumes sont juste cuits, retirez-les de la cocotte et réservez-les.

2 Mettez dans la cocotte les lentilles, l'eau et le laurier. Portez à ébullition puis laissez frémir 30 minutes. Incorporez alors les légumes réservés et les tomates en dés puis laissez frémir encore 30 minutes : les lentilles vont se défaire à la cuisson. Assaisonnez de vinaigre et de paprika au moment de servir.

ASTUCE

Contrairement à la plupart des légumes secs, les lentilles ne nécessitent aucun trempage avant la cuisson. Achetez une variété qui cuit rapidement (lentilles du Puy ou du Berry).

Faites revenir les légumes et le jambon dans la cocotte puis réservez-les.

Laissez cuire les lentilles 30 minutes jusqu'à ce qu'elles soient tendres.

Soupe de haricots au jambon fumé

Pour 6 personnes

PRÉPARATION 15 MINUTES • CUISSON 2 H 15

1 c. s. d'huile d'olive

**1 bel oignon rouge émincé
très finement**

2 gousses d'ail pilées

**700 g de jambon fumé
avec os**

**900 g de tomates pelées,
épépinées et coupées
en morceaux**

2 carottes coupées en dés

**1,5 litre de bouillon de
volaille**

**600 g de haricots blancs
en boîte égouttés**

**quelques feuilles de menthe
ciselées**

1 Faites chauffer l'huile dans une cocotte et faites dorer l'oignon et l'ail quelques minutes puis ajoutez le jambon, les tomates, les carottes et le bouillon. Couvrez et laissez frémir 2 heures.

2 Sortez le jambon de la cocotte et laissez-le refroidir un peu pour pouvoir le manipuler sans vous brûler. Désossez-le et émincez la viande avant de la remettre dans la cocotte. Ajoutez les haricots et la menthe ; remettez la cocotte sur le feu pour réchauffer la soupe.

*Faites cuire le jambon dans la soupe pendant
2 heures : la chair doit se défaire facilement.*

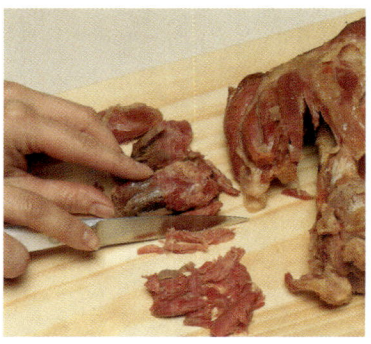

*Désossez le jambon et émincez la chair
avant de la remettre dans la cocotte.*

Velouté de poivron et d'aubergine

Pour 6 personnes

PRÉPARATION 35 MINUTES • CUISSON2 HEURES

1,5 kg d'aubergines
400 g de poivrons rouges
1 c. s. d'huile d'olive
1 oignon brun en morceaux
4 gousses d'ail émincées
600 g de tomates bien mûres
  coupées en morceaux
1 c. c. de cumin en poudre
1 c. c. de paprika doux
1,5 litre de bouillon
  de volaille
60 ml de jus de citron
quelques feuilles de persil
  ciselées

Crème de poivron

1 poivron rouge
1 oignon coupé en quatre
2 c. s. d'eau
125 ml de crème fraîche
  allégée

1 Piquez les aubergines de toutes parts avec une fourchette et faites-les rôtir 45 minutes au four (220 °C). Quand elles sont tendres (piquez-les avec une brochette pour vérifier la cuisson), sortez-les du four et laissez-les refroidir 15 minutes avant de les peler. Coupez-les en morceaux.

2 Coupez les poivrons en quatre (retirez les pépins et les membranes blanches) et faites-les griller au four : la peau doit noircir et former des cloques. Mettez-le 5 minutes dans un sac alimentaire avant de les éplucher. Coupez-les en morceaux.

3 Faites chauffer l'huile dans une casserole et faites revenir l'oignon et l'ail avant d'ajouter les aubergines, les poivrons grillés, les tomates, le cumin et le paprika. Laissez cuire encore 2 minutes puis versez le bouillon et le jus de citron. Faites cuire 20 minutes à feu moyen, jusqu'à ce que les légumes soient très tendres.

4 Mixez la soupe puis passez-la dans un tamis fin. Réchauffez-la rapidement avant de la servir dans des bols, accompagnée de crème de poivron et saupoudrée de persil.

Crème de poivron Mixez le poivron et l'oignon puis ajoutez l'eau. Faites chauffer le mélange à feu doux dans une casserole avant d'incorporer la crème fraîche.

ASTUCE

• Servez cette soupe avec des croûtons frits à l'ail. Vous pouvez remplacer le persil par de la coriandre.

• On peut servir cette soupe froide avec des tomates bien mûres coupées en dés.

Faites rôtir les aubergines pour les éplucher plus facilement.

Laissez griller les poivrons jusqu'à ce que la peau noircisse.

Faites cuire les légumes dans le bouillon jusqu'à ce qu'ils soient tendres.

Soupe de pois chiches à l'ail et à la menthe

Pour 6 personnes

PRÉPARATION 10 MINUTES • CUISSON 35 MINUTES

2 c. s. d'huile d'olive
2 oignons bruns émincés
2 litres de bouillon de volaille
2 c. s. de vinaigre de vin blanc
850 g de pois chiches en boîte rincés et égouttés
1 c. c. de cumin en poudre
5 gousses d'ail pilées
2 tomates pelées et coupées en morceaux
quelques feuilles de menthe ciselées

Croûtons
8 tranches de pain de mie
60 ml d'huile d'olive

1 Faites chauffer l'huile dans une cocotte et faites revenir l'oignon. Quand il a bruni, versez le bouillon et le vinaigre en remuant. Portez à ébullition avant d'ajouter les pois chiches et le cumin. Laissez frémir 15 minutes.

2 Ajoutez l'ail, les tomates et la menthe. Prolongez la cuisson pendant 5 minutes. Servez avec les croûtons frits.

Croûtons Enlevez la croûte du pain et badigeonnez d'huile les tranches sur les deux côtés. Faites-les dorer sur un gril en fonte bien chaud jusqu'à ce qu'elles soient craquantes. Découpez-les en carrés ou en triangles.

Laissez frémir la soupe jusqu'à ce que les tomates soient cuites.

Faites dorer le pain sur un gril en fonte préchauffé.

Soupe de crevettes et saumon fumé aux épinards

Pour 6 personnes

PRÉPARATION 20 MINUTES • CUISSON 4 MINUTES

750 g de crevettes roses crues
1,5 litre d'eau
250 ml de vin blanc sec
2 c. s. d'huile d'olive
2 oignons bruns émincés
6 gousses d'ail pilées
1 c. s. de farine
60 ml de fumet de poisson
500 g d'épinards préparés
1 petit bouquet de persil ciselé
125 ml de crème fraîche allégée
200 g de dés de saumon fumé

1 Décortiquez les crevettes et retirez la veine centrale. Coupez les crevettes en morceaux et réservez-les au frais. Mettez les cortex des crevettes dans une cocotte avec l'eau et le vin, portez à ébullition puis laissez frémir 20 minutes. Passez le bouillon dans un tamis fin ; jetez les éléments solides.

2 Faites chauffer l'huile dans une cocotte et faites revenir l'oignon et l'ail. Quand l'oignon est tendre, baissez le feu et saupoudrez la farine dessus. Continuez de remuer sur le feu jusqu'à ce que le mélange soit lisse et sans grumeaux puis versez le bouillon de crevette par petites quantités, sans cesser de remuer. Donnez quelques bouillons avant d'ajouter le fumet de poisson et les épinards puis laissez frémir quelques minutes.

3 Quand les épinards sont tendres, mixez la soupe puis ajoutez les crevettes, le persil, la crème fraîche et le saumon fumé. Réchauffez rapidement la soupe sans la laisser bouillir. Servez aussitôt.

ASTUCE

Pour réussir le roux (mélange cuit de farine et d'oignons), procédez à feu doux en remuant sans cesse et préparez un peu de bouillon dans un bol verseur pour lier rapidement la sauce en versant le liquide par petites quantités. Si des grumeaux se sont formés, passez la sauce dans un tamis fin en écrasant les paquets de farine avec le dos d'une cuillère en bois puis remettez sur le feu pour faire épaissir.

Les plats principaux

Paella

Pour 8 personnes

TREMPAGE 1 H 30 • PRÉPARATION 30 MINUTES • CUISSON 40 MINUTES

10 ailes de poulet
500 g de palourdes
du gros sel
500 g de crevettes crues moyennes
500 g de moules
1 pincée de filaments de safran
375 ml de vin blanc sec
2 c. s. d'huile d'olive
350 g de chorizo coupé en tranches
1 gros oignon rouge
600 g de riz rond
1 gros piment rouge émincé
4 tomates pelées, épépinées et finement hachées
1,2 litre de bouillon de volaille chaud
400 g de haricots verts éboutés et coupés en morceaux
500 g de noix de pétoncles
120 g de petits pois surgelés

1   Coupez les ailes de poulet en trois au niveau des articulations. Jetez les extrémités. Rincez les palourdes à l'eau froide puis faites-les tremper 1 h 30 dans un grand volume d'eau (salez généreusement) et agitez-les régulièrement pour que le sable se dépose au fond. Jetez ensuite l'eau, rincez les palourdes et laissez-les égoutter dans une passoire. Décortiquez les crevettes en gardant la queue (retirez la veine centrale). Grattez les moules et ôtez les barbes.

2   Faites infuser le safran 30 minutes dans le vin blanc.

3   Faites chauffer l'huile dans une grande cocotte puis faites revenir le poulet à feu vif. Quand il est bien doré, retirez-le de la poêle. Faites revenir à la place le chorizo pendant quelques minutes puis égouttez-le sur du papier absorbant. Mettez l'oignon dans la poêle et laissez-le fondre dans l'huile avant de verser le vin blanc. Portez à ébullition puis ajoutez le riz et le poivron. Laissez frémir jusqu'à ce que tout le vin soit absorbé. Incorporez les tomates. Mouillez ensuite avec une louche de bouillon chaud et répétez l'opération autant de fois que nécessaire, en veillant à ce que tout le liquide soit absorbé avant d'en rajouter. Au terme de cette opération, le riz doit être juste cuit.

4   Mettez les palourdes, les crevettes, les moules, le chorizo, les haricots verts et les petits pois sur le riz, couvrez et prolongez la cuisson 5 minutes. Ajoutez enfin le poulet et les pétoncles. Laissez cuire encore 10 minutes, toujours à couvert, puis laissez reposer 5 minutes hors du feu avant de servir.

Marmite de la mer

Pour 6 à 8 personnes

PRÉPARATION 20 MINUTES • CUISSON 35 MINUTES

1 kg de petites moules
1 kg de grosses crevettes crues
500 g de calamars sans les tentacules
1 ou 2 queues de langouste décongelée (500 g environ)
1 c. s. d'huile d'olive
1 poireau émincé
4 gousses d'ail pilées
425 g de tomates pelées en boîte
180 ml de vin blanc sec
60 ml de vin blanc moelleux
500 ml de fumet de poisson
1 pincée de filaments de safran
2 carottes émincées très finement
1 petit bouquet de persil
1 c. s. de thym frais ciselé
350 g de noix de pétoncles

1. Grattez les moules et retirez les barbes. Décortiquez les crevettes en gardant la queue. Ouvrez les calamars, entaillez légèrement l'intérieur en dessinant de petits losanges puis coupez-les en carrés de 6 cm de côté. Coupez les queues ce langouste en médaillons.

2. Faites chauffer l'huile dans une cocotte et faites revenir le poireau avec l'ail. Ajoutez les tomates avec leur jus, le vin, le fumet de poisson, le safran, les carottes, le persil et le thym. Couvrez et laissez frémir environ 30 minutes.

3. Faites cuire les moules 2 minutes dans ce bouillon puis ajoutez les crevettes, les calamars et les queues de langoustes. Laissez cuire encore 2 minutes à couvert avart d'incorporer les noix de pétoncles. Retirez du feu quand tous les fruits de mer sont cuits ; les moules doivent être bien ouvertes (jetez celles qui sont restées fermées). Servez sans attendre.

Faites revenir le poireau et l'ail à feu moyen dans l'huile chaude.

Les fruits de mer doivent être juste cuits et les moules bien ouvertes.

Blancs de poulet marinés et sauce aux amandes

Pour 6 personnes

MARINADE 3 HEURES • PRÉPARATION 5 MINUTES • CUISSON 15 MINUTES

80 ml d'huile d'olive
125 ml de jus d'orange
3 gousses d'ail pilées
6 blancs de poulet
1 bulbe de fenouil
400 g d'oignons verts

Sauce aux amandes

1 c. s. d'huile d'olive
20 g de chapelure
100 g d'amandes en poudre
1 pincée d'ail déshydraté
250 ml de bouillon de volaille
60 ml de crème fraîche

1   Mélangez dans un récipient les deux tiers de l'huile, le jus d'orange et l'ail. Faites-y mariner les blancs de poulet 3 heures au réfrigérateur.

2   Coupez le bulbe de fenouil en deux puis détaillez chaque moitié en demi-rondelles fines. Coupez les oignons verts en deux dans la hauteur. Faites chauffer le reste d'huile dans une sauteuse et faites revenir le fenouil et les oignons. Retirez-les du feu dès qu'ils commencent à se colorer (ils doivent rester croquants) et réservez-les au chaud.

3   Égouttez les blancs de poulet et faites-les cuire sur un gril en fonte préchauffé (ou au barbecue) ; vous pouvez les mouiller avec un peu de marinade pour éviter qu'ils ne se déssèchent. Servez-les avec le mélange fenouil-oignons et la sauce aux amandes.

Sauce aux amandes   Faites dorer la chapelure dans l'huile bien chaude avant d'ajouter les amandes en poudre et l'ail déshydraté. Quand le mélange commence à se colorer, mouillez avec le bouillon puis ajoutez la crème. Laissez épaissir la sauce 1 à 2 minutes à feu moyen.

Faites mariner les blancs de poulet au moins 3 heures au réfrigérateur.

Faites revenir le fenouil et les oignons verts dans l'huile bien chaude.

Laissez dorer la chapelure avant d'ajouter les amandes en poudre et l'ail.

Souris d'agneau aux olives et au citron

Pour 4 personnes

8 souris d'agneau avec os
I c. s. de farine
1/2 c. c. de poivre blanc concassé
2 c. s. d'huile d'olive
I gros oignon rouge
4 gousses d'ail pilées
2 c. c. de paprika doux
I kg de tomates pelées, épépinées et coupées en quatre
500 g de carottes coupées en tronçons
2 c. s. de coulis de tomate
2 c. c. de sucre en poudre
250 ml de vin rouge
125 ml d'eau chaude
1/2 tablette de bouillon de bœuf
2 brins de romarin
le zeste de 1/2 citron
I bâton de cannelle
100 g d'olives noires dénoyautées
2 c. s. de jus de citron
quelques feuilles de menthe ciselées

1 Farinez les souris d'agneau et frottez-les avec le poivre pour qu'il adhère à la viande. Faites-les ensuite revenir dans l'huile bien chaude, dans une cocotte, jusqu'à ce qu'elles soient bien dorées. Réservez sur une assiette.

2 Coupez l'oignon en deux puis en quartiers fins. Faites-le dorer avec l'ail dans la cocotte. Ajoutez le paprika puis les souris d'agneau, les tomates, les carottes, le coulis de tomate, le sucre, le vin, l'eau, le bouillon en tablette (émiettez-le), le romarin, le zeste de citron et la cannelle. Couvrez et faites mijoter 1 h 30 en remuant de temps en temps pour éviter que la viande n'attache. Ajoutez les olives ; laissez cuire encore 30 minutes. Au moment de servir, arrosez de jus de citron et décorez de menthe ciselée.

Faites dorer les souris d'agneau dans une cocotte.

Faites revenir l'oignon et l'ail dans la même cocotte.

La viande et les légumes doivent mijoter au moins 2 heures.

Gigot d'agneau des Asturies

Pour 8 personnes

PRÉPARATION 10 MINUTES • MARINADE 3 HEURES • CUISSON 1 H 10

1 gigot d'agneau désossé (2 kg)
1 poignée de feuilles de menthe
1 poignée de persil frais
125 ml d'huile d'olive
4 gousses d'ail pilées
60 ml de vinaigre de Xérès
1 c. c. de paprika doux
1 c. s. de sucre en poudre
1/2 c. c. de poivre noir concassé
1 kg de petites pommes de terre nouvelles coupées en deux
1 oignon rouge émincé
2 blancs de poireaux coupés en 4 tronçons
60 g de beurre fondu

1 Aplatissez le gigot avec un maillet à viande puis mettez-le dans un grand plat. Mélangez dans un bol les herbes finement ciselées, l'huile, l'ail, le vinaigre, le paprika, le sucre et le poivre. Fouettez bien et versez cette marinade sur la viande. Mettez au moins 3 heures au réfrigérateur.

2 Mettez les pommes de terre, l'oignon et les poireaux dans un grand plat puis arrosez-les de beurre fondu. Faites-les rôtir 20 minutes au four (200 °C) puis posez dessus le gigot bien égoutté. Laissez cuire encore 40 minutes au four.

3 Sortez les pommes de terre du plat et retirez le maximum de jus de cuisson pour le mettre dans une poêle (couvrez la viande d'une feuille d'alu pour la garder bien chaude). Finissez la cuisson des pommes de terre dans la poêle jusqu'à ce qu'elles soient bien croustillantes.

4 Coupez la viande en tranches fines et servez-la avec les légumes.

Aplatissez le gigot avec un maillet à viande.

Laissez mariner la viande au moins 3 heures.

Faites cuire la viande sur les légumes.

Dorade rôtie aux tomates, pommes de terre et oignons

Pour 4 personnes

PRÉPARATION 15 MINUTES • CUISSON I H 10

8 tomates olivettes coupées en deux
4 pommes de terre coupées en tranches
I oignon rouge coupé en quartiers fins
3 c. s. d'huile d'olive
4 gousses d'ail pilées
3 c. s. de ciboulette ciselée
3 c. s. de thym frais ciselé
I dorade royale (1,5 kg)
40 g d'olives noires dénoyautées
125 ml de vin blanc sec
60 ml de jus de citron
1/2 c. c. de sucre en poudre
20 g de chapelure grillée à sec

1 Mettez les tomates sur une grille, face coupée vers le haut, et faites-les cuire au four 30 minutes (220 °C). Faites cuire les pommes de terre dans l'eau bouillante puis égouttez-les. Faites chauffer I cuillerée d'huile dans une sauteuse et faites revenir rapidement l'oignon, l'ail et les herbes.

2 Incisez la peau de la dorade en losanges. Étalez les pommes de terre au fond d'un grand plat légèrement graissé, ajoutez l'oignon cuit et disposez la dorade dessus. Répartissez les tomates et les olives tout autour. Mélangez le reste d'huile, le vin, le jus de citron et le sucre puis versez cette sauce dans le plat. Saupoudrez la dorade de chapelure et faites-la cuire au four 40 minutes (200 °C).

Coupez les tomates en deux et faites-les rôtir au four.

Faites revenir l'oignon, l'ail et les herbes dans l'huile.

Disposez la dorade sur les légumes et faites-la cuire au four.

Épaule d'agneau roulée aux pignons de pin et aux épinards

Pour 4 à 6 personnes

PRÉPARATION 20 MINUTES • CUISSON 1 H 05

2 c. s. d'huile d'olive

2 oignons rouges émincés

2 gousses d'ail pilées

2 c. c. de cumin en poudre

2 c. c. de paprika doux

1/2 c. c. de cannelle en poudre

1/2 c. c. de piment de Cayenne

2 c. c. d'origan

40 g de raisins secs hachés

2 c. s. de pignons de pin grillés à sec

500 g d'épinards frais

1 épaule d'agneau désossée (1,5 kg)

1 c. s. de farine

125 ml de vin blanc sec

250 ml de bouillon de volaille

1 c. c. de sucre en poudre

1 Faites chauffer la moitié de l'huile dans une sauteuse et faites revenir l'oignon, l'ail, les épices et l'origan pendant 5 minutes. Ajoutez les raisins et les pignons de pin ; faites cuire encore 1 minute.

2 Faites cuire les épinards dans un peu d'eau ou à la vapeur puis égouttez-les bien (pressez-les dans une passoire pour retirer le plus d'eau possible). Mettez l'épaule d'agneau bien à plat sur une planche à découper, aplatissez-la légèrement avec un maillet à viande puis étalez dessus les épinards finement hachés et le mélange aux oignons. Roulez l'épaule d'agneau et maintenez-la en place avec de la ficelle de cuisine.

3 Versez le reste d'huile dans une sauteuse et faites-y revenir l'épaule d'agneau pour qu'elle dore de toutes parts. Mettez-la ensuite dans un grand plat à rôtir et faites-la cuire 40 minutes au four (200 °C). Quand elle est à votre convenance, sortez-la du plat et couvrez-la d'une feuille d'alu pour la garder au chaud.

4 Saupoudrez la farine dans le plat encore chaud et faites chauffer le mélange jusqu'aux premiers frémissements puis mouillez avec le vin et le bouillon de volaille, en remuant bien. Ajoutez le sucre et portez à ébullition. Découpez la viande en tranches épaisses et servez-la avec la sauce.

Faites revenir dans une sauteuse l'oignon, l'ail, les épices et l'origan.

Étalez le mélange aux oignons et les épinards sur la viande.

Faites dorer la viande dans une sauteuse avant de la faire cuire au four.

Escalopes de poulet croustillantes aux olives et au citron

Pour 4 personnes

MARINADE 3 HEURES • PRÉPARATION 10 MINUTES • CUISSON 20 MINUTES

4 escalopes de poulet
1 c. c. de zeste de citron râpé
2 c. s. de jus de citron
2 gousses d'ail pilées
50 g de farine
1 c. c. de cumin en poudre
1 c. c. de coriandre en poudre
3 c. c. de thym frais ciselé
1 c. s. d'huile d'olive

Garniture

2 citrons
80 ml d'huile d'olive
2 gousses d'ail pilées
90 g d'olives noires dénoyautées
4 tomates olivettes coupées en tranches
1 c. s. de vinaigre de vin blanc

1 Mettez les escalopes de poulet dans un saladier avec le zeste de citron, le jus de citron et l'ail mélangés. Laissez mariner 3 heures au réfrigérateur.

2 Sortez le poulet de la marinade et tapotez-le avec une feuille d'essuie-tout. Mettez dans une assiette la farine, les épices et le thym. Retourner plusieurs fois les escalopes de poulet dans ce mélange avant de les faire revenir dans l'huile bien chaude. Mettez-les ensuite dans un plat et faites-les cuire 15 minutes au four (200 °C). Servez-les avec la garniture aux olives et au citron.

Garniture Coupez les citrons en deux puis recoupez chaque moitié en tranches fines. Faites chauffer l'huile dans une sauteuse et faites-y revenir l'ail 2 minutes avant d'ajouter le citron, les olives, les tomates et le vinaigre. Maintenez sur le feu jusqu'à ce que le mélange soit juste chaud et servez aussitôt.

Faites mariner les escalopes au moins trois heures au frais.

Faites cuire les escalopes dans une sauteuse.

Faites revenir les légumes pour qu'ils soient juste chauds.

Coquelets braisés, sauce au chocolat

Pour 6 personnes

PRÉPARATION 10 MINUTES • CUISSON 40 MINUTES

6 coquelets
de la farine
60 ml d'huile d'olive
1 oignon brun
2 gousses d'ail pilées
1 bâton de cannelle
2 clous de girofle
1 pincée de noix de muscade
850 g de tomates pelées
 en boîte
1 poivron rouge émincé
250 ml de vin blanc sec
60 g de chocolat noir

1 Coupez les coquelets en deux de part et d'autre du sternum (jetez ce dernier). Recoupez chaque moitié en deux. Farinez les morceaux.

2 Faites chauffer l'huile dans une cocotte épaisse et faites dorer les morceaux de coquelet sur toutes les faces. Réservez-les sur une grande assiette et faites revenir à la place l'oignon et l'ail. Ajoutez les épices en remuant.

3 Quand le mélange embaume, remettez les morceaux de coquelet dans la cocotte. Ajoutez les tomates avec leur jus, le poivron et le vin blanc. Laissez frémir 20 minutes à couvert puis à nouveau 20 minutes sans couvrir : la viande sera moelleuse et la sauce épaisse. Ajoutez le chocolat et remuez.

Pavés de veau, sauce au bleu

Pour 4 personnes

PRÉPARATION 5 MINUTES • CUISSON 10 MINUTES

8 médaillons de veau
1 bouquet de persil ciselé
3 c. s. d'origan frais ciselé
1 c. s. de romarin frais ciselé
2 c. s. d'huile d'olive
1 oignon brun
4 gousses d'ail pilées
60 ml de vin blanc sec
**130 g de fromage à pâte
    persillée**
300 ml de crème fraîche

1 Mélangez toutes les herbes dans un saladier. Retournez les médaillons de veau dans ce mélange en pressant bien pour que les herbes adhèrent à la viande.

2 Faites chauffer l'huile dans une sauteuse et faites dorer les médaillons de veau des deux côtés. Retirez-les de la sauteuse et couvrez-les d'une feuille d'alu pour les garder chaud.

3 Faites sauter l'oignon et l'ail dans le jus de cuisson de la viande puis ajoutez le reste des ingrédients et faites chauffer la sauce jusqu'au point d'ébullition. Servez les médaillons de veau nappés de sauce.

Pizza au chorizo et aux épinards

Pour 6 personnes

PRÉPARATION 1 H 30 MINUTES • CUISSON 40 MINUTES

7 g de levure sèche

1 c. c. de sucre en poudre

180 ml d'eau chaude

300 g de farine

1 c. c. de sel fin

1 c. s. d'huile d'olive

1 c. s. d'origan frais ciselé

170 g de chorizo en tranches fines

500 g d'épinards

100 g de fromage de brebis (manchego) en très fines lamelles

2 c. s. de pignons de pin grillés

Sauce tomate

2 c. c. d'huile d'olive

1 oignon rouge émincé très finement

2 gousses d'ail pilées

4 tomates pelées, épinées et grossièrement concassées

1 petit poivron rouge émincé

80 ml de coulis de tomate

1 à 2 c. s. d'eau

1 c. c. de sucre

2 c. s. d'origan frais ciselé

1 Fouettez la levure, le sucre et l'eau dans un récipient. Laissez reposer 10 minutes dans un endroit chaud.

2 Mettez la farine et le sel dans un récipient puis versez la levure délayée, l'huile et l'origan en travaillant vigoureusement pour former une boule homogène. Pétrissez ensuite la pâte pendant 10 minutes : elle doit être lisse et élastique. Mettez-la dans un saladier légèrement huilé et laissez reposer 1 heure dans un endroit chaud.

3 Quand la pâte a doublé de volume, étalez-la sur un plan de travail fariné et formez un grand rectangle d'environ 30 cm sur 35.

4 Faites revenir les tranches de chorizo dans une grande poêle (inutile de mettre de l'huile) puis égouttez-les sur du papier absorbant pour enlever l'excédent de gras. Faites cuire les épinards dans un peu d'eau puis égouttez-les bien (pressez-les au besoin dans une passoire pour enlever le plus d'eau possible).

5 Étalez la sauce tomate sur la pâte en laissant un bord vide de 1,5 cm. Ajoutez la moitié du fromage puis les épinards et les tranches de chorizo. Couvrez avec le reste du fromage et saupoudrez de pignons de pin. Faites cuire 20 minutes au four (240 °C).

Sauce tomate Faites chauffer l'huile dans une poêle et faites revenir l'oignon et l'ail. Quand ils commencent à dorer, ajoutez le reste des ingrédients. Couvrez et laissez cuire 15 minutes à feu moyen. La sauce doit être épaisse ; prolongez la cuisson si vous la jugez encore trop liquide.

Laissez reposer la levure quelques minutes dans l'eau chaude.

Abaissez la pâte à pizza en une grande feuille rectangulaire.

Garnissez-la de sauce tomate avant d'ajouter le reste des ingrédients.

Sofrito aux lentilles et chorizo

Pour 8 personnes

PRÉPARATION 10 MINUTES • CUISSON 50 MINUTES

1 c. s. d'huile d'olive

600 g de chorizo coupés en tranches fines

1 oignon brun émincé

6 tranches de bacon émincées

2 gousses d'ail pilées

500 g de lentilles brunes

2 carottes en tranches fines

1 kg de petites pommes de terre coupées en deux

2 feuilles de laurier

1,5 litre d'eau

450 g de courgettes coupées en morceaux

1 petit bouquet de persil

Sofrito

4 tomates olivettes pelées

1 c. s. d'huile d'olive

1 oignon rouge émincé

1 Faites chauffer l'huile dans une cocotte et faites-y dorer les tranches de chorizo sur les deux côtés. Égouttez-les sur du papier absorbant. Faites revenir dans la même cocotte l'oignon, le bacon et l'ail.

2 Remettez le chorizo dans la cocotte puis ajoutez les lentilles, les carottes, les pommes de terre, le laurier et l'eau. Couvrez et laissez frémir 40 minutes, en remuant de temps en temps, puis ajoutez les courgettes et prolongez la cuisson 10 minutes. Servez les lentilles avec le sofrito.

Sofrito Coupez les tomates en huit dans la longueur. Faites revenir l'oignon dans l'huile chaude puis ajoutez les tomates. Laissez cuire à feu vif jusqu'à ce que les tomates commencent à se défaire.

Faites dorer les tranches de chorizo dans de l'huile chaude.

Laissez mijoter les lentilles et les légumes à feu doux.

Laissez cuire le sofrito quelques minutes à feu vif.

Poulet aux amandes, sauce aux grenades

Pour 4 personnes

PRÉPARATION 15 MINUTES • CUISSON 20 MINUTES

2 grenades

375 ml d'eau

75 g de sucre brun

2 c. s. d'huile d'olive

4 blancs de poulet

**1 oignon brun coupé
    en tranches**

2 gousses d'ail pilées

1 c. s. de farine

1 c. c. de paprika doux

1 c. c. de cumin en poudre

1 c. c. de coriandre en poudre

1 c. c. de cannelle en poudre

125 ml de bouillon de volaille

55 g d'amandes blanchies

**quelques feuilles de coriandre
    ciselées**

1 Ouvrez les grenades et retirez les pépins avec une petite cuillère. Réservez-en 100 g environ. Mélangez le reste avec l'eau et le sucre dans une casserole. Portez à ébullition puis laissez frémir 5 minutes. Filtrez la préparation dans un tamis fin et gardez seulement le jus.

2 Faites dorer les blancs de poulet dans 1 cuillerée à soupe d'huile. Quand ils sont cuits, retirez-les de la sauteuse.

3 Versez le reste d'huile dans la sauteuse et faites-y revenir l'oignon et l'ail puis ajoutez la farine et les épices ; laissez cuire 1 minute, en remuant sans cesse. Quand le mélange commence à attacher, versez progressivement le bouillon (continuez de remuer vivement pour éviter les grumeaux) puis le jus de grenade. Portez à ébullition puis laissez épaissir à feu moyen.

4 Remettez les blancs de poulet dans la sauteuse, couvrez et réchauffez-les 5 minutes dans la sauce, à feu moyen. Quand ils sont à point, transférez-les avec la sauce dans un plat de service. Parsemez de pépins de grenade réservés, d'amandes et de coriandre ciselée.

Laissez frémir les pépins de grenade avant de filtrer la préparation.

Faites revenir les oignons puis saupoudrez-les d'épices et de farine.

Réchauffez les blancs de poulet dans la sauce avant de servir.

Dorades grillées et pesto à la coriandre

Pour 4 personnes

PRÉPARATION 5 MINUTES • CUISSON 10 MINUTES

4 petites dorades portions
4 c. s. d'huile d'olive
600 g de tomates épépinées et coupées en petits dés
2 c. s. de jus de citron

Pesto à la coriandre

3 gousses d'ail pilées
1 petit bouquet de coriandre ciselée
1 c. s. de zeste de citron râpé
2 c. s. de jus de citron
2 c. c. de cumin en poudre
2 c. s. de coulis de tomate
1 c. s. de sucre en poudre
80 ml d'huile d'olive

1 Préparez le pesto. Entaillez légèrement les dorades puis badigeonnez-les de pesto sur les deux faces.

2 Faites chauffer la moitié de l'huile dans une grande poêle et faites cuire les dorades. Pendant ce temps, mélangez dans un récipient les tomates, le reste d'huile et le jus de citron. Servez les dorades avec cette salade.

Pesto à la coriandre Mixez l'ail, la coriandre, le zeste de citron, le jus de citron, le cumin, le coulis de tomate et le sucre. Quand le mélange est homogène, versez progressivement l'huile sans cesser de mixer.

Incisez légèrement la peau des dorades.

Faites-les cuire dans une grande poêle.

Queue de bœuf en ragoût

Pour 8 personnes

PRÉPARATION 15 MINUTES • CUISSON 3 H 30 • RÉFRIGÉRATION 12 HEURES

60 ml d'huile d'olive
2 kg de queue de bœuf en petits morceaux
2 oignons bruns émincés
2 gousses d'ail pilées
4 petits piments rouges frais émincés
1 c. c. de paprika doux
1 c. c. de cumin en poudre
2 c. c. de coriandre en poudre
850 g de tomates pelées en boîte
1 petit poivron rouge émincé
60 ml de coulis de tomate
2 c. s. d'origan frais ciselé
120 g de pâte de coing
250 ml de vin blanc sec
250 ml de bouillon de bœuf

1 Faites revenir les morceaux de queue de bœuf dans l'huile, dans une grande sauteuse, puis réservez-les dans un récipient. Faites cuire à la place les oignons, l'ail, les piments et les épices jusqu'à ce que le mélange embaume et que les oignons soient bien colorés et fondants.

2 Remettez les morceaux de queue de bœuf dans la sauteuse, ajoutez les tomates avec leur jus et le reste des ingrédients. Portez à ébullition, couvrez puis laissez mijoter 3 heures à feu doux. Terminez par une cuisson sans couvercle pendant 30 minutes pour faire épaissir la sauce. Laissez refroidir à température ambiante puis réservez une nuit entière au réfrigérateur. Le lendemain, dégraissez la sauce et réchauffez à feu doux avant de servir.

ASTUCE

La pâte de coing, qui répond en espagnol au doux nom de *dulce de membrillo*, se déguste aussi bien nature que dans les plats salés ou avec un formage de brebis basque (tout comme la confiture de cerises noires). Achetez-la en épicerie fine pour avoir un produit authentiquement espagnol…

Faites revenir les morceaux de queue de bœuf dans l'huile.

Faites dorer les oignons, l'ail et les piments avant d'ajouter les épices.

Laissez mijoter la queue de bœuf au moins 3 h 30 à feu doux.

Bœuf braisé
aux tomates et au thym

Pour 8 personnes

PRÉPARATION 10 MINUTES • CUISSON 2 H 15

2 kg de bœuf (pointe de culotte)
10 gousses d'ail
10 branches de thym frais
2 c. s. d'huile d'olive
425 g de tomates pelées en boîte
375 ml de bouillon de bœuf
60 ml de coulis de tomate
60 ml de vinaigre de Xérès
100 g de pâte de coing

1 Faites 10 entailles profondes dans la pièce de bœuf avec la pointe d'un bon couteau et glissez-y es gousses d'ail et les branches de thym.

2 Faites chauffer l'huile dans une grande cocotte et faites dorer la pièce de bœuf de toutes parts. Quand elle est bien colorée, ajoutez les tomates avec leur jus puis le reste des ingrédients. Couvrez et laissez mijoter à feu doux pendant 2 heures (vous pouvez aussi faire cuire le bœuf au four ; comptez 3 heures à 150 °C).

3 Retirez le bœuf de la cocotte et mettez-le dans un récipient couvert pour le garder bien chaud. Faites réduire la sauce 15 minutes à petits bouillons. Détaillez le bœuf en tranches minces et servez avec la sauce à part.

Piquez la pièce de bœuf de gousses d'ail et de branches de thym.

Faites-la dorer sur toutes les faces dans une grande cocotte.

Quand la viande est cuite, faites réduire la sauce à petits bouillons.

Poulet farci aux lardons et aux olives

Pour 6 personnes

PRÉPARATION 15 MINUTES • CUISSON 1 H 30

1 beau poulet
2 c. s. de vin cuit (rivesaltes, porto blanc)
2 c. s. d'huile d'olive
2 gousses d'ail pilées

Farce
1 c. s. d'huile d'olive
1 oignon émincé
2 gousses d'ail pilées
125 g de petits lardons fumés
35 g de chapelure
60 g d'olives noires dénoyautées
1 petit bouquet de persil ciselé
1 œuf légèrement battu

1 Préparez la farce puis garnissez-en le poulet. Fermez l'ouverture avec des piques en bois et attachez les deux pattes avec de la ficelle de cuisine.

2 Mettez la volaille sur une grille en métal, au-dessus d'un plat ou de la lèchefrite. Mélangez le vin, l'huile et l'ail dans un récipient et badigeonnez-en la volaille. Faites-la cuire 1 h 30 au four (180 °C) en l'arrosant régulièrement de son jus de cuisson. Laissez-la reposer 10 minutes hors du four avant de la découper.

Farce Faites chauffer l'huile dans une sauteuse et faites revenir l'oignon et l'ail. Quand ils sont bien dorés, ajoutez les lardons puis la chapelure et les olives. Laissez cuire 5 minutes puis retirez du feu et ajoutez le persil et l'œuf battu. Mélangez bien avant de farcir la volaille.

Farcissez la volaille puis fermez l'ouverture avec des piques en bois.

Attachez les pattes puis badigeonnez le poulet avec l'huile et le vin mélangés.

Pour accompagner

Poivrons farcis

Pour 6 personnes

PRÉPARATION 20 MINUTES • CUISSON 1 HEURE

2 c. s. d'huile d'olive
1 oignon brun émincé
2 gousses d'ail pilées
1 c. c. de paprika doux
1 c. c. de cumin en poudre
150 g de riz long
250 ml de bouillon de volaille
250 g de veau haché
3 tomates olivettes épépinées et concassées
55 g de raisins secs finement hachés
35 g de pistaches hachées grossièrement
2 c. s. de coulis de tomate
2 c. s. d'origan frais ciselé
3 poivrons rouges
3 poivrons jaunes

1 Faites chauffer l'huile dans une sauteuse et faites-y revenir l'oignon et l'ail. Ajoutez les épices puis le riz, remuez bien puis versez le bouillon. Faites cuire 10 minutes à couvert puis retirez la sauteuse du feu et laissez reposer le riz 10 minutes sans retirer le couvercle. Quand tout le bouillon est absorbé, aérez le riz à la fourchette puis transvasez-le dans un saladier.

2 Faites dorer le veau dans la même sauteuse avant de le mélanger au riz. Ajoutez à la préparation les tomates, les raisins secs, les pistaches, le coulis de tomate et l'origan.

3 Coupez le chapeau des poivrons, retirez les pépins et farcissez les bases avec la préparation au riz. Replacez les chapeaux et faites cuire les poivrons 35 minutes au four (180 °C).

Laissez reposer le riz 10 minutes à couvert, jusqu'à l'absorption complète du bouillon.

Farcissez les poivrons, posez les chapeaux et faites-les cuire au four.

Salade fraîcheur à l'espagnole

Pour 4 personnes

PRÉPARATION 10 MINUTES

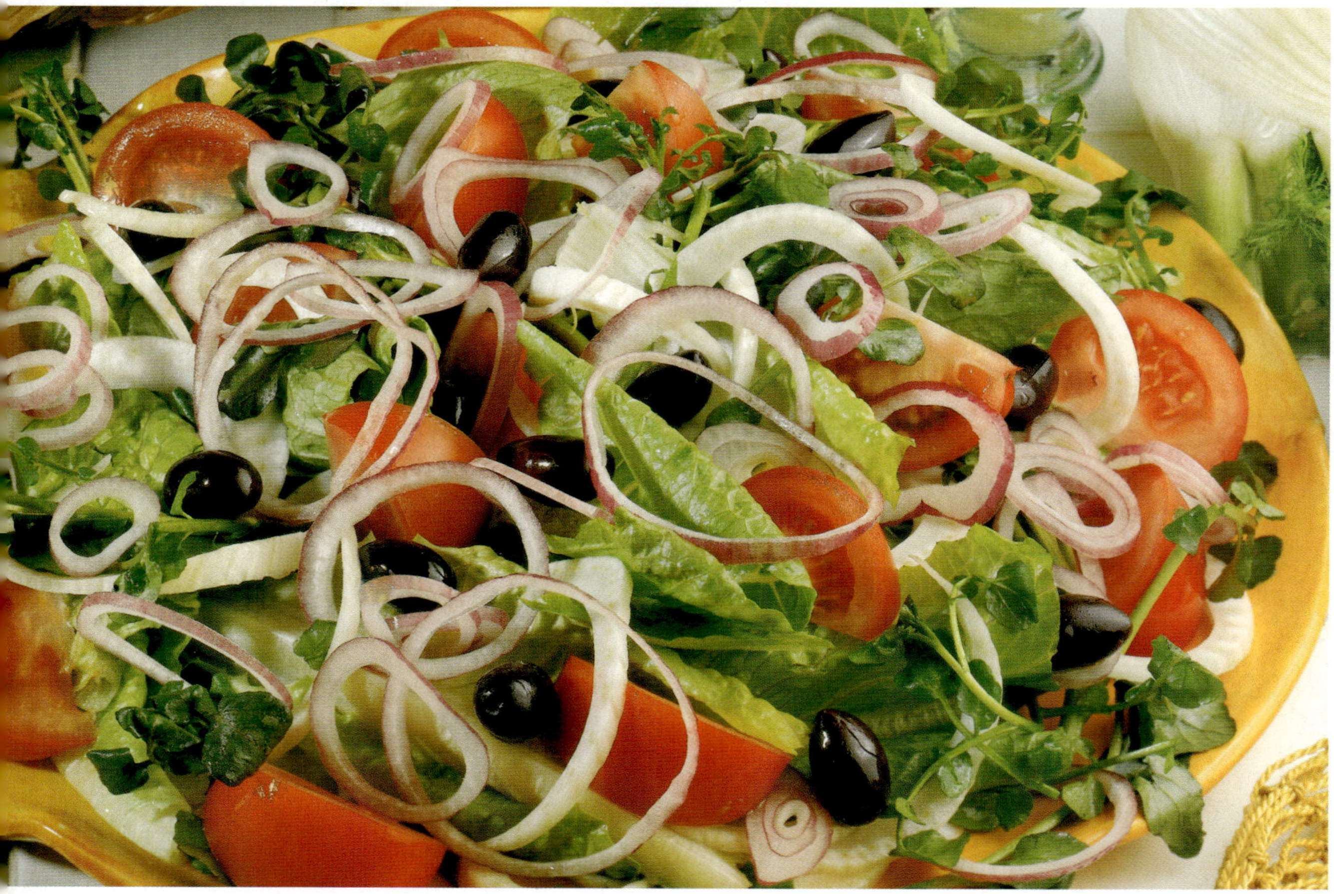

1 cœur de laitue
1 petit bulbe de fenouil émincé
125 g de cresson
2 tomates en quartiers
1 oignon rouge en fines lamelles
60 g d'olives noires dénoyautées

Assaisonnement

125 ml d'huile d'olive
60 ml de jus de citron
2 gousses d'ail pilées

Disposez les feuilles de laitue dans un grand plat de service puis ajoutez le fenouil, le cresson, les tomates et l'oignon. Décorez d'olives noires et nappez de sauce.

Assaisonnement Fouettez ensemble l'huile, le jus de citron et l'ail.

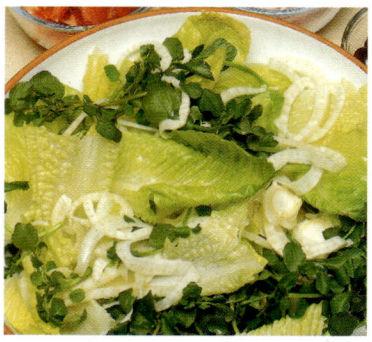

Mélangez la salade, le fenouil, le cresson, les tomates et l'oignon.

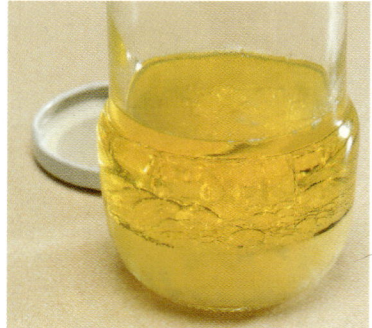

Fouettez l'huile, le jus de citron et l'ail dans un bol verseur.

Riz au safran et aux fruits secs

Pour 4 personnes

TREMPAGE 10 MINUTES • PRÉPARATION 10 MINUTES • CUISSON 20 MINUTES

300 g de riz long

2 c. s. d'huile d'olive

20 g de beurre

1 oignon brun émincé

1 bâton de cannelle

4 clous de girofle

1 pincée de filaments de safran

1 c. c. de coriandre en poudre

3 zestes d'orange de 2 cm de long chacun

500 ml de bouillon de volaille

35 g d'abricots secs hachés finement

40 g de dattes hachées finement

35 g d'airelles séchées

40 g de pignons de pin grillés à sec

70 g d'amandes effilées grillées à sec

quelques feuilles de coriandre ciselées

1 Faites tremper le riz 10 minutes dans l'eau froide puis égouttez-le bien.

2 Faites chauffer l'huile et le beurre dans une sauteuse et faites revenir l'oignon avec les épices jusqu'à ce que le mélange embaume. Ajoutez alors le riz et les zestes d'orange, remuez bien puis mouillez avec le bouillon. Laissez cuire 10 minutes à feu moyen puis laissez reposer 10 minutes à couvert, jusqu'à complète absorption du bouillon.

3 Aérez le riz à la fourchette puis ajoutez le reste des ingrédients (jetez le bâton de cannelle, les clous de girofle et les zestes d'orange).

Faites tremper le riz 10 minutes dans l'eau froide puis égouttez-le bien.

Faites revenir l'oignon avec les épices avant d'ajouter le riz.

Salade de haricots au chorizo et aux tomates

Pour 6 personnes

PRÉPARATION 15 MINUTES • CUISSON 35 MINUTES

350 g de chorizo coupé en dés
8 petites tomates coupées en quatre
1 oignon rouge en fines lamelles
2 c. s. d'huile d'olive
2 c. c. de paprika doux
2 c. c. de cumin en poudre
2 c. c. de sucre en poudre
1/2 c. c. de poivre noir concassé
300 g de haricots verts éboutés
300 g de haricots beurre éboutés
75 g de noisettes grillées grossièrement concassées

Assaisonnement

125 ml d'huile d'olive
2 gousses d'ail pilées
2 c. s. de vinaigre de vin blanc
2 c. s. d'origan frais ciselé
2 c. s. de persil frais ciselé

1 Faites dorer les morceaux de chorizo dans une grande poêle puis égouttez-les sur du papier absorbant.

2 Mélangez les tomates avec l'oignon, l'huile, les épices, le sucre et le poivre dans un plat allant au four et faites-les rôtir 30 minutes au four (180 °C). Mettez les tomates et l'oignon dans un grand saladier ; gardez le jus de cuisson pour l'assaisonnement.

3 Pendant que les tomates sont au four, faites cuire les haricots dans un grand volume d'eau bouillante salée puis égouttez-les bien. Rincez-les à l'eau froide pour stopper la cuisson et égouttez-les à nouveau.

4 Quand les haricots sont parfaitement égouttés, mettez-les dans le saladier avec les tomates rôties puis ajoutez les noisettes. Versez l'assaisonnement et remuez avant de servir.

Assaisonnement Mélangez tous les ingrédients puis ajoutez le jus de cuisson des tomates.

Faites dorer les morceaux de chorizo dans une grande poêle.

Rincez les haricots à l'eau froide après les avoir fait cuire à l'eau.

Mélangez tous les ingrédients dans un récipient, assaisonnez et remuez.

Pâte de coing à la pistache

Pour 1 kg

PRÉPARATION 10 MINUTES • CUISSON 1 H 10 • REFROIDISSEMENT 2 HEURES AU MOINS

**50 g de pistaches grillées
à sec et grossièrement
concassées**
4 sachets de thé au citron
625 ml d'eau bouillante
**1,4 kg de coings épluchés
et coupés en morceaux**
125 ml de jus de citron
4 clous de girofle
880 g de sucre en poudre

1 Graissez un moule rond et répartissez les pistaches au fond. Faites infuser le thé 30 minutes dans l'eau bouillante.

2 Mélangez dans une cocotte les coings, le thé, le jus de citron et les clous de girofle. Portez à ébullition puis couvrez et laissez frémir 45 minutes. Retirez les clous de girofle puis mixez les fruits avec leur jus de cuisson.

3 Ajoutez le sucre en poudre dans la cocotte, faites-le dissoudre à feu moyen puis portez à ébullition. Dès que le mélange a bouilli, baissez-le feu et laissez mijoter 30 minutes à couvert : la préparation doit brunir. Quand elle est à point, versez-la délicatement dans le moule et laissez raffermir à température ambiante.

ASTUCE

Cette pâte de coing peut se déguster en dessert ou avec du fromage de brebis (manchego). On l'utilise aussi en Espagne pour cuisiner certaines viandes (voir p. 80 et p. 83).

Légumes grillés, sauce à la menthe

Pour 4 personnes

PRÉPARATION 10 MINUTES • CUISSON 15 MINUTES

2 poivrons rouges
3 courgettes vertes
3 courgettes jaunes
4 mini-aubergines
2 c. s. d'huile d'olive
250 g de tomates cerises coupées en deux

Sauce à la menthe

2 gousses d'ail pilées
2 c. c. de graines de cumin grillées à sec
125 ml d'huile d'olive
1 c. s. de jus de citron
2 c. s. de vinaigre de Xérès
quelques feuilles de menthe ciselées

1 Coupez les poivrons en quatre ; ôtez les pépins. Coupez les courgettes et les aubergines en tranches fines dans la longueur.

2 Faites griller les poivrons au four. Quand la peau commence à noircir, mettez-les 5 minutes dans un sac alimentaire avant de les éplucher (la peau s'enlève alors facilement).

3 Faites cuire les courgettes et les aubergines en plusieurs fois sur un gril en fonte badigeonné d'huile d'olive. Quand elles sont tendres, réservez-les au chaud. Faites cuire les tomates rapidement sur le même gril. Servez les légumes aussitôt, avec la sauce à la menthe.

Sauce à la menthe Mettez tous les ingrédients dans un bocal, fermez et agitez vigoureusement.

Épinards sautés au jambon cru

Pour 6 personnes

PRÉPARATION 30 MINUTES • CUISSON 15 MINUTES

80 ml d'huile d'olive
60 ml de jus de citron
2 c. c. de sucre brun
1/2 c. c. de poivre noir concassé
50 g de raisins secs
1 oignon brun émincé
4 gousses d'ail pilées
120 g de jambon cru (serrano) coupé en fines lanières
2 c. c. de paprika doux
1 kg de pousses d'épinards
40 g de pignons de pin grillés à sec

1 Mélangez les deux tiers de l'huile avec le jus de citron, le sucre, le poivre et les raisins secs dans un récipient. Laissez reposer 30 minutes.

2 Faites chauffer le reste d'huile dans une sauteuse et faites revenir l'oignon, l'ail, le jambon cru et le paprika. Retirez la sauteuse du feu dès que le jambon cru devient croustillant.

3 Faites cuire les épinards dans un peu d'eau ou à la vapeur puis égouttez-les bien en les pressant dans une passoire pour éliminer le plus d'eau possible. Mettez-les dans a sauteuse avec les pignons de pin et la sauce aux raisins. Réchauffez rapidement et servez aussitôt.

Laissez reposer la sauce 30 minutes pour permettre aux arômes de se développer.

Faites revenir l'oignon, l'ail, le jambon et les épices dans une sauteuse.

Faites cuire les épinards puis égouttez-les bien dans une passoire.

Salade chaude de chou rouge, pommes de terre et jambon cru

Pour 6 personnes

PRÉPARATION 30 MINUTES • CUISSON 30 MINUTES

1 kg de petites pommes de terre coupées en morceaux

2 c. s. d'huile d'olive

4 fines tranches de jambon cru (serrano) émincées

2 gousses d'ail pilées

1 pomme coupée en tranches fines

1 chou rouge émincé

60 ml de vinaigre de Xérès

2 c. s. de jus de citron

1 c. s. de sucre en poudre

85 g de raisins secs

40 g de pignons de pin grillés à sec

1 petit bouquet de menthe ciselé

1 Faites cuire les pommes de terre à l'eau puis mettez-les à égoutter dans une passoire.

2 Faites chauffer l'huile dans une sauteuse et faites-y revenir les pommes de terre. Quand elles sont dorées et croustillantes, ajoutez le jambon et l'ail ; laissez cuire encore 5 minutes puis mettez le mélange dans un grand saladier. Couvrez pour le garder chaud.

3 Mettez dans la sauteuse les tranches de pomme, le chou, le vinaigre, le jus de citron et le sucre. Remuez à feu moyen pendant 5 minutes ; le chou doit rester croquant. Transférez le mélange dans le saladier, ajouter les raisins secs et les pignons de pin, remuez puis décorez de menthe avant de servir.

Faites dorer les pommes de terre et le jambon cru dans une grande sauteuse.

Laissez cuire le chou et les tranches de pomme quelques minutes.

Gratin de pommes de terre et poireau

Pour 6 personnes

PRÉPARATION 20 MINUTES • CUISSON 1 H 30

1 kg de pommes de terre en tranches fines

1 beau blanc de poireau émincé

3 c. c. de thym frais ciselé

60 ml de bouillon de volaille

60 ml de vin blanc sec

1 c. s. d'huile d'olive

1 gousse d'ail pilée

1 Beurrez légèrement un plat à gratin puis disposez en couches successives la moitié des pommes de terre, le poireau et la moitié du thym, puis le reste des pommes de terre et du thym.

2 Mélangez le bouillon, le vin, l'huile et l'ail puis versez le tout sur les pommes de terre. Couvrez d'une feuille d'alu et faites cuire 45 minutes au four (180 °C). Ôtez la feuille d'alu et laissez encore 45 minutes au four : le dessus doit être doré.

Disposez le blanc des poireaux et la moitié du thym sur une première couche de pommes de terre.

Couvrez le blanc des poireaux avec le reste des pommes de terre et saupoudrez de thym frais.

Salade de poivrons rôtis et haricots blancs

Pour 8 personnes

TREMPAGE 12 HEURES • PRÉPARATION 30 MINUTES • CUISSON 50 MINUTES

200 g de haricots secs (haricots de Lima ou autres)

3 poivrons rouges

2 mini-concombres

4 tomates

60 g d'olives noires dénoyautées

1 c. s. d'origan frais ciselé

Croûtons à l'ail

300 g de pain de mie en tranches

80 ml d'huile d'olive

2 gousses d'ail pilées

Sauce au paprika

80 ml d'huile d'olive

2 c. s. de vinaigre de vin blanc

1 c. s. de vin blanc sec

2 c. c. de paprika doux

1 c. c. de coriandre en poudre

2 gousses d'ail pilées

1 Faites tremper les haricots toute une nuit dans l'eau froide puis égouttez-les. Mettez-les dans une casserole, couvrez-les d'eau froide, portez à ébullition puis laissez frémir au moins 40 minutes à couvert. Les haricots doivent être bien cuits.

2 Coupez les poivrons en quatre, épépinez-les puis faites-les griller au four jusqu'à ce que la peau commence à noircir. Mettez-les alors dans un sac alimentaire, laissez reposer 5 minutes puis épluchez-les ; la peau doit s'enlever facilement. Coupez-les en lamelles de 1 cm de large.

3 Coupez les concombres en quatre dans la longueur puis recoupez-les en dés. Coupez les tomates en petits cubes. Préparez les croûtons et la sauce au paprika.

4 Mélangez dans un saladier les haricots tièdes égouttés, les poivrons, les concombres et les tomates. Coupez les olives en deux et ajoutez-les dans le saladier avec l'origan et les croûtons chauds. Versez la sauce au paprika, remuez et servez.

Croûtons à l'ail Coupez le bord des tranches de pain de mie pour enlever la croûte. Recoupez ensuite chaque tranche en carrés de 2 cm. Faites revenir l'ail dans l'huile puis ajoutez les carrés de pain. Laissez-les dorer quelques minutes en surveillant constamment pour qu'ils ne brûlent pas.

Sauce au paprika Mélangez tous les ingrédients dans un bocal, fermez le couvercle et agitez vigoureusement.

ASTUCES

• Les haricots de Lima sont blancs et plats, assez larges. Vous pouvez les remplacer par une autre variété (coco, soissons, etc.).

• Cette salade peut se manger tiède ou froide mais il est préférable de préparer les croûtons au dernier moment. Mettez-les dans la salade juste avant de servir pour qu'ils ne ramollissent pas trop.

Faites tremper les haricots toute une nuit dans l'eau froide.

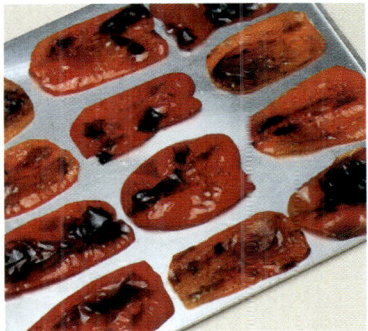

Faites griller les quartiers de poivrons au four.

Riz à l'ail et aux légumes

Pour 6 personnes

PRÉPARATION 20 MINUTES • CUISSON 1 HEURE

1 tête d'ail
2 c. s. d'huile d'olive
1 oignon brun émincé
1 poivron rouge émincé
1 poivron vert émincé
4 tomates pelées, épépinées
**   et coupées en morceaux**
130 g de haricots verts
**   éboutés**
1 petite aubergine coupée en
**   tranches fines**
35 g de raisins secs
1 c. s. de paprika doux
300 g de riz long
750 ml de bouillon de volaille

1 Badigeonnez la tête d'ail avec un peu d'huile (environ une cuillerée à café) et faites-la rôtir 30 minutes au four (200 °C). Pendant ce temps, faites chauffer le reste d'huile dans une poêle et faites-y sauter l'oignon, les poivrons, les tomates, les haricots et l'aubergine. Quand les légumes sont juste tendres, ajoutez les raisins secs et le paprika. Remuez puis transférez le mélange dans un grand plat allant au four.

2 Faites chauffer le bouillon de volaille. Ajoutez le riz dans le plat puis le bouillon chaud et mélangez bien. Disposez enfin la tête d'ail au centre, en l'enfonçant dans le riz. Faites cuire le tout 30 minutes au four (200 °C).

Faites revenir les légumes dans une sauteuse avant de les mettre dans un grand plat.

Ajoutez le riz et le bouillon, puis la tête d'ail rôtie, et finissez la cuisson au four.

Salade de pommes de terre, poivron, cornichons et olives

Pour 8 personnes

PRÉPARATION 10 MINUTES • CUISSON 15 MINUTES

1,4 kg de pommes de terre avec la peau

1 oignon rouge émincé

120 g d'olives vertes dénoyautées

100 g de petits cornichons

1 poivron rouge coupé en dés

Assaisonnement

80 ml d'huile d'olive

60 ml de jus de citron

2 c. s. de vinaigre de Xérès

2 c. s. de menthe fraîche ciselée

2 c. s. d'origan frais ciselé

2 gousses d'ail pilées

1 Coupez les pommes de terre en quatre et faites-les cuire à l'eau ou à la vapeur puis égouttez-les.

2 Mettez les pommes de terre dans un saladier avec le reste des ingrédients. Préparez l'assaisonnement et versez-le sur la salade tiède. Mélangez.

Assaisonnement Mélangez tous les ingrédients dans un bocal, fermez le couvercle et agitez vigoureusement.

Coupez les pommes de terre en quatre puis faites-les cuire à l'eau ou à la vapeur.

Salade de poivrons grillés

Pour 4 personnes

PRÉPARATION 20 MINUTES • CUISSON 40 MINUTES

3 poivrons rouges

2 poivrons jaunes

60 ml d'huile d'olive

3 oignons bruns émincés

55 g de sucre en poudre

80 ml de bouillon de volaille

2 c. s. de jus de citron

40 g de pignons de pin grillés à sec

35 g d'amandes effilées grillées à sec

1 petit bouquet de persil ciselé

1 Coupez les poivrons en quatre, épépinez-les puis faites-les griller au four jusqu'à ce que la peau commence à noircir. Mettez-les alors dans un sac alimentaire, laissez reposer 5 minutes puis épluchez-les ; la peau doit s'enlever facilement. Coupez-les en lamelles de 1 cm de large.

2 Faites chauffer l'huile dans une sauteuse et faites-y dorer les oignons 5 minutes en remuant sans cesse. Ajoutez le sucre et le bouillon puis laissez frémir 5 minutes.

3 Mettez les poivrons, le jus de citron, les pignons de pin et les amandes dans la sauteuse. Réchauffez-les rapidement puis mettez-les dans un saladier. Saupoudrez de persil frais avant de servir.

Faites griller les poivrons au four jusqu'à ce que leur peau noircisse.

Réchauffez les poivrons grillés dans le mélange aux oignons.

Salade valencienne

Pour 8 personnes

PRÉPARATION 20 MINUTES

1,8 kg d'oranges
2 tomates
1 oignon rouge émincé
100 g de fromage de brebis (manchego)
120 g d'olives noires dénoyautés
2 avocats bien mûrs

Sauce à l'orange

2 c. s. d'huile d'olive
2 c. s. de vinaigre de Xérès
2 c. s. de jus d'orange
1 gousse d'ail pilée
1 c. s. de menthe fraîche ciselée

1   Pelez les oranges à vif puis prélevez les quartiers en ayant soin de retirer la membrane blanche. Coupez les tomates en dés. Détaillez le fromage en cubes. Pelez l'avocat et coupez la chair en petits morceaux.

2   Mélangez les tomates, le fromage, l'avocat, les quartiers d'orange, les olives et l'oignon dans un saladier. Versez la sauce à l'orange et remuez. Servez aussitôt.

Sauce à l'orange   Mélangez tous les ingrédients dans un bocal, fermez le couvercle et agitez vigoureusement.

Pelez les oranges à vif puis prélevez délicatement les quartiers.

Mélangez tous les ingrédients dans un saladier, versez la sauce et remuez.

Les desserts

Crème caramel à l'orange

Pour 6 personnes

CUISSON 55 MINUTES • RÉFRIGÉRATION 12 HEURES

125 ml d'eau
240 g de sucre en poudre
4 œufs
4 jaunes d'œufs
1 c. c. de zeste d'orange râpé
2 c. c. de Grand-Marnier
2 c. c. d'extrait de vanille
250 ml de lait
250 ml de crème fraîche

1   Mélangez l'eau et 165 g de sucre dans une petite casserole, faites chauffer le mélange pour dissoudre le sucre puis portez à ébullition. Laissez frémir 10 minutes : le sirop doit prendre une teinte dorée. Versez ce caramel dans un moule légèrement graissé.

2   Fouettez les œufs, les jaunes d'œufs, le reste du sucre, le zeste d'orange, le Grand-Marnier et l'extrait de vanille : la préparation doit être homogène. Mélangez dans une casserole le lait et la crème. Dès les premiers bouillons, retirez du feu. Laissez reposer 5 minutes avant d'incorporer les œufs battus en fouettant au batteur électrique. Versez ensuite délicatement la crème dans le moule.

3   Mettez le moule dans un grand plat, versez de l'eau jusqu'à mi-hauteur et faites cuire la crème 35 minutes au four, au bain-marie (160 °C). Quand elle est juste ferme, sortez-la du plat et laissez-la refroidir à température ambiante. Mettez-la toute une nuit au réfrigérateur. Démoulez délicatement la crème au moment de servir.

ASTUCES

• Servez cette crème avec des fruits frais de saison (fraises ou framboises en été, quartiers de mandarines ou kiwis en hiver).

• Pour la démouler sans peine, glissez la pointe d'un couteau entre la crème et les parois du moule.

Laissez frémir le caramel 10 minutes en le surveillant bien.

Versez le caramel liquide dans un moule légèrement graissé.

Versez la crème dans le moule et faites-la cuire au bain-marie.

Sangria

Pour 3,5 litres

PRÉPARATION 10 MINUTES • MACÉRATION 3 HEURES AU MOINS

6 clous de girofle
1 bâton de cannelle
55 g de sucre en poudre
750 ml de jus d'orange
125 ml de porto rouge
1 zeste d'orange de 10 cm
de long
750 ml de vin rouge léger
125 ml de brandy
125 ml de gin
125 ml de vermouth
80 ml de grenadine
1,25 litre de limonade
1 orange
1 pomme

1 Mélangez les épices, le sucre, le jus d'orange, le porto et le zeste d'orange dans une casserole. Faites chauffer à feu doux sans laisser bouillir pour que tout le sucre soit dissous puis laissez frémir 5 minutes. Laissez refroidir à température ambiante. Pendant ce temps, coupez l'orange en rondelles (gardez la peau) puis recoupez chaque rondelle en quatre.

2 Mélangez dans une grande carafe le sirop refroidi et le reste des ingrédients, à l'exception des pommes. Couvrez et mettez au moins 3 heures au réfrigérateur. Au moment de servir, coupez la pomme en tranches fines puis ajoutez-la à la sangria.

Faites chauffer les épices, le sucre, le jus d'orange, le porto et le zeste d'orange.

Mélangez le sirop avec tous les alcools, la grenadine, la limonade et les quartiers d'orange.

Beignets au miel et aux épices

Pour 36 beignets environ

Découpez des carrés de pâte.

Faites-les frire dans l'huile très chaude.

300 g de farine
1/2 c. c. de cannelle en poudre
1/2 c. c. de zeste d'orange finement râpé
80 ml d'huile d'olive
160 ml de vin blanc moelleux
de l'huile végétale pour la friture
125 ml de miel liquide
1/2 c. c. de clous de girofle
1 bâton de cannelle
2 étoiles de badiane
du sucre glace

1 Mettez la farine et la cannelle dans un récipient. Ajoutez l'huile d'olive, le zeste d'orange et le vin en fouettant le mélange au batteur électrique pour former une pâte lisse et fluide. Laissez reposer 30 minutes.

2 Divisez la pâte en deux et étalez chaque portion entre deux feuilles de papier sulfurisé pour obtenir 2 abaisses de 5 mm d'épaisseur. Découpez dedans des carrés de 5 cm de côté.

3 Faites chauffer une grande quantité d'huile végétale dans une casserole et faites frire les beignets en procédant en plusieurs fois. Quand ils sont dorés, sortez-les de l'huile et égouttez-les sur du papier absorbant.

4 Mélangez le miel, les clous de girofle, le bâton de cannelle et la badiane dans une casserole. Laissez frémir 2 minutes à petits bouillons puis retirez les épices. Quand le miel a un peu refroidi, badigeonnez-en les beignets puis saupoudrez-les de sucre glace.

Leche frita

Pour 20 pièces environ

PRÉPARATION 30 MINUTES • RÉFRIGÉRATION 2 HEURES • CUISSON 20 MINUTES

625 ml de lait

1 bâton de cannelle

2 zestes d'orange de 8 cm de long chacun

2 œufs

1 jaune d'œuf

50 g de farine

35 g de Maïzena

1 c. c. d'extrait de vanille

220 g de sucre en poudre

un peu de farine pour saupoudrer

de l'huile végétale pour la friture

1 c. c. de cannelle en poudre

1 Graissez légèrement un moule rectangulaire peu profond et garnissez-le de papier sulfurisé (faites-le dépasser un peu sur les grands côtés). Mélangez le lait, le bâton de cannelle et les zestes d'orange dans une casserole, portez à ébullition puis retirez du feu et laissez infuser 10 minutes.

2 Fouettez dans un récipient les œufs, le jaune d'œuf, la farine, la Maïzena, l'extrait de vanille et la moitié du sucre en poudre. Quand le mélange est homogène, incorporez progressivement le lait tiède (après en avoir retiré les épices), sans cesser de fouetter, puis versez la pâte dans la casserole. Laissez frémir 2 minutes puis transférez la pâte dans le moule et laissez raffermir 3 heures au réfrigérateur.

4 Démoulez la pâte et découpez-la avec des emporte-pièce de formes variées. Saupoudrez les gâteaux de farine puis faites-les frire dans l'huile très chaude. Quand ils sont dorés, égouttez-les sur du papier absorbant.

5 Mélangez le reste du sucre et la cannelle en poudre, saupoudrez-en le plan de travail et retournez plusieurs fois les gâteaux chauds dedans. Servez sans attendre.

ASTUCE

Littéralement, *leche frita* signifie « lait frit ». C'est un des grands classiques des desserts espagnols, avec les churros (beignets chauds que l'on trempe traditionnellement dans du chocolat chaud) et la crème catalane. Vous pouvez préparer la pâte à l'avance mais faites frire les beignets au dernier moment car ils sont meilleurs chauds…

Découpez des gâteaux aux formes variées dans la feuille de pâte.

Faites-les frire dans l'huile très chaude pour qu'ils soient dorés.

Saupoudrez les gâteaux d'un mélange de sucre en poudre et de cannelle.

Crème catalane

Pour 6 personnes

PRÉPARATION 20 MINUTES • CUISSON 35 MINUTES . RÉFRIGÉRATION 3 HEURES

600 ml de crème fraîche
60 ml de lait
3 bâtons de cannelle
3 zestes d'orange de 5 cm
   de long chacun
5 jaunes d'œufs
1 œuf
75 g de sucre en poudre
1/2 c. c. de cannelle en
   poudre
1 c. s. de sucre glace
2 c. s. de sucre brun

1 Mettez la crème, le lait, les bâtons de cannelle et les zeste d'orange dans une casserole. Faites chauffer jusqu'au point d'ébullition puis retirez aussitôt la casserole du feu. Laissez infuser 10 minutes avant de retirer la cannelle et les zestes d'orange.

2 Fouettez l'œuf, les jaunes d'œufs et le sucre en poudre avant de verser ce mélange dans la casserole.

3 Mettez 6 ramequins dans un grand plat allant au four et répartissez la crème dedans. Versez de l'eau bouillante dans le plat jusqu'à mi-hauteur des ramequins et faites cuire les crèmes 35 minutes au four, au bain-marie (160 °C). Retirez-les ensuite du plat, laissez-les refroidir à température ambiante puis mettez-les au moins 3 heures au réfrigérateur.

4 Au moment de servir, mélangez la cannelle en poudre, le sucre glace et le sucre brun dans un bol puis saupoudrez-en les crèmes. Faites-les ensuite dorer 2 minutes sous le gril du four. Servez sans attendre.

Crêpes fourrées à la crème d'amandes

Pour 6 personnes

PRÉPARATION 20 MINUTES • REPOS 1 HEURE • CUISSON 15 MINUTES

110 g de farine
2 c. s. de sucre en poudre
3 œufs légèrement battus
30 g de beurre fondu
250 ml de lait
2 c. s. d'amandes effilées légèrement grillées
du sucre glace

Crème d'amandes

150 g de fromage frais
55 g de sucre glace
2 c. s. de madère
20 g d'amandes effilées légèrement grillées
300 ml de crème fraîche

1 Mélangez la farine et le sucre dans un récipient puis ajoutez progressivement les œufs battus, le beurre et le lait, en fouettant au batteur électrique pour obtenir une pâte lisse et fluide. Couvrez et laissez reposer 1 heure.

2 Graissez légèrement une poêle chaude et versez un peu de pâte dedans. Laissez cuire jusqu'à ce que la crêpe soit dorée sur une face. Retournez-la alors et faites-la cuire sur l'autre face. Répétez l'opération jusqu'à ce qu'il ne reste plus de pâte.

3 Préparez la crème d'amandes puis garnissez-en les crêpes. Servez ces dernières décorées d'amandes grillées et saupoudrées de sucre glace.

Crème d'amandes Fouettez le fromage frais et le sucre glace au batteur électrique puis ajoutez le madère et les amandes. Fouettez la crème jusqu'à ce que de petits pics se forment à la surface puis incorporez-la au fromage frais.

Gâteaux de riz aux amandes et poires pochées

Pour 6 personnes

PRÉPARATION 15 MINUTES • CUISSON 40 MINUTES • RÉFRIGÉRATION 1 HEURE

500 ml de lait
1 c. s. de zeste de citron râpé
1 bâton de cannelle
100 g de riz rond
40 g d'amandes en poudre
250 ml de crème fraîche
2 c. c. de gélatine
1 c. s. d'eau
75 g de sucre en poudre
2 blancs d'œufs

Poires pochées

2 poires épluchées
1 citron en tranches fines
180 ml de vin blanc moelleux
180 ml de vin rouge
110 g de sucre en poudre
2 bâtons de cannelle

1 Graissez légèrement 6 petits moules hauts. Mélangez le lait, le zeste de citron et la cannelle dans une casserole. Portez à ébullition puis versez progressivement le riz en remuant. Couvrez et laissez frémir 15 minutes.

2 Quand le riz est cuit, ajoutez les amandes et la crème. Laissez cuire encore 10 minutes : le riz doit être presque gluant.

3 Délayez la gélatine dans l'eau puis faites-la chauffer au bain-marie jusqu'à dissolution complète. Incorporez-la alors au riz chaud puis ajoutez le sucre. Retirez le bâton de cannelle.

4 Battez les blancs d'œufs en neige ferme avant de les mélanger délicatement avec le riz. Répartissez enfin le tout dans les ramequins et laissez prendre au réfrigérateur. Au moment de servir, démoulez les gâteaux de riz sur les assiettes à dessert, garnissez-les de morceaux de poires pochées et de jus.

Poires pochées Coupez chaque poire en huit et retirez les pépins. Mettez-les dans une casserole avec le reste des ingrédients. Laissez frémir 15 minutes au moins pour que les poires soient bien cuites.

Après avoir ajouté les amandes en poudre et la crème, laissez cuire le riz 10 minutes.

Faites dissoudre la gélatine au bain-marie sans laisser bouillir l'eau.

Glace au chocolat et à la cannelle

Pour 6 à 8 personnes

CUISSON 25 MINUTES • RÉFRIGÉRATION I HEURE • CONGÉLATION 4 HEURES

500 ml de lait
3 bâtons de cannelle
170 g de très bon chocolat noir en morceaux
8 jaunes d'œufs
110 g de sucre en poudre
300 ml de crème fraîche épaisse

1 Mettez le lait, la cannelle et le chocolat dans une casserole. Faites chauffer à feu doux en remuant pour que le chocolat fonde. Retirez du feu et laissez reposer 5 minutes puis ôtez les bâtons de cannelle.

2 Fouettez les jaunes d'œufs et le sucre puis mélangez-les délicatement avec le chocolat chaud. Faites épaissir 15 minutes à feu moyen sans laisser bouillir puis versez la préparation dans un grand récipient. Faites-la refroidir à température ambiante puis mettez-la 1 heure au réfrigérateur.

3 Quand la préparation au chocolat a complètement refroidie, incorporez la crème fraîche puis versez le tout dans un moule et congelez. Laissez la glace raffermir 2 heures puis battez-la au fouet électrique. Remettez-la au moins 2 heures au congélateur avant de servir.

Faites fondre le chocolat dans le lait aromatisé à la cannelle.

Fouettez la glace puis remettez-la au congélateur.

Figues caramélisées au vin rouge et crème fouettée aux épices

Pour 8 personnes

PRÉPARATION 30 MINUTES • CUISSON 30 MINUTES

600 g de figues sèches
4 zestes d'orange de 5 cm
**   de long**
1 c. c. de cannelle en poudre
220 g de sucre en poudre
60 ml de Grand-Marnier
250 ml de jus d'orange
250 ml de vin rouge
375 ml de porto rouge

Sucre à la cannelle et aux amandes

1/2 c. c. de cannelle
**   en poudre**
1/2 c. c. de clous de girofles
**   moulus**
2 c. s. de sucre en poudre
2 c. s. d'amandes en poudre
**   légèrement grillée**

Crème aux épices

300 ml de crème fraîche
1 c. s. de miel liquide
1/2 c. c. de cannelle en
**   poudre**
80 ml de crème aigre

1 Coupez les queues des figues. Faites une petite entaille à la base des figues pour les farcir de sucre à la cannelle et aux amandes. Pressez la base entre vos doigts pour refermer l'entaille et empêcher le sucre de s'écouler.

2 Mettez les zestes d'orange, la cannelle, le sucre, le Grand-Marnier, le jus d'orange, le vin et le porto dans une casserole. Portez à ébullition en remuant puis laissez frémir 7 minutes sans couvrir pour faire épaissir le sirop.

3 Ajoutez les figues et laissez cuire encore 15 minutes en remuant de temps en temps. Retirez les bâtons de cannelle et les zestes d'orange. Servez les figues chaudes avec la crème aux épices.

Sucre à la cannelle et aux amandes Mélangez tous les ingrédients dans un bol.

Crème fouettée aux épices Fouettez la crème fraîche, le miel et la cannelle jusqu'à ce que de petits pics se forment à la surface. Incorporez alors la crème aigre.

ASTUCE

Si vous ne trouvez pas de crème aigre, mélangez de la crème fraîche et 1 cuillerée à soupe de jus de citron.

Glossaire

Amande
Fruit de l'amandier. La graine blanche et tendre est recouverte d'une pellicule brune et enfermée dans une coque brune grêlée.
Mondée : L'amande est débarrassée de sa coque et de sa pellicule brune.
En poudre : Poudre ayant la texture d'une farine grossière. Une fois séchées et grillées, les amandes sont broyées finement. Les amandes en poudre sont utilisées comme une farine et font aussi office d'agent épaississant dans les pâtisseries.
Effilée : Coupée en fines lamelles dans la longueur. On peut les faire griller à sec (sans matière grasse dans une poêle antiadhésive) ou au four.

Aneth
Plante ombellifère aux feuilles vert foncé qui ressemblent à des plumes. Ces feuilles ont un léger goût d'anis et ne doivent pas être cuites. On les ajoutera donc en fin de cuisson pour préserver leur saveur.

Anis étoilé
Voir Badiane.

Artichaut
Plante potagère de la famille du chardon. Il se prête à de nombreuses préparations. Lorsqu'il est jeune, on le consomme cru, à la croque-au-sel, en poivrade ou à la vinaigrette.

Aubergine
Fruit d'une plante originaire de l'Inde et cultivée dans le bassin méditerranéen depuis le xviie siècle. L'aubergine se cuit à l'étuvée ou se cuisine en gratin ou sautée. On la fera le plus souvent dégorger 30 minutes au sel pour qu'elle rende son eau de végétation.

Badiane (anis étoilé)
Fruit en forme d'étoile d'un arbre de la famille des magnoliacées originaire de Chine. Son goût prononcé d'anis relève de nombreuses recettes asiatiques. On le trouve entier ou moulu. Peut également être utilisé en infusion.

Basilic
Plante aromatique originaire de l'Inde et qui s'est répandue dans toute la cuisine méditerranéenne.

Betterave potagère
Plante à racine charnue ronde et rouge, le plus souvent consommée cuite, en purée, en tranches, en julienne, etc. Elle est également très bonne crue.

Beurre
En pâtisserie, on utilise surtout du beurre doux (sauf mention contraire). Si une recette exige du beurre ramolli, pensez à le sortir du réfrigérateur au moins 30 minutes à l'avance.

Bicarbonate de soude
Poudre cristalline blanche d'une saveur légèrement salée. Généralement utilisé pour faire lever les pâtisseries.

Blanchir
Opération consistant à faire bouillir plus ou moins longtemps les aliments dans de l'eau salée, en général pour préparer une cuisson.

Boulgour
Grains de blé décortiqués et cuits à la vapeur puis séchés et broyés plus ou moins finement. Très utilisé dans la cuisine du Moyen-Orient, pour le taboulé par exemple.

Cannelle
Écorce d'un arbre originaire de Chine ou de Ceylan. Cette écorce se présente en feuilles minces roulées sur elles-mêmes (bâtons de cannelle). Saveur très fine et sucrée, très aromatique. On trouve aussi de la cannelle moulue mais on lui préférera la cannelle en bâton pour aromatiser compotes et entremets.

Câpre
Bouton floral vert-de-gris d'un arbuste de climat chaud (généralement méditerranéen). On trouve des câpres séchées et salées ou conservées dans la saumure. Les plus petites, qui ont été cueillies plus tôt, sont plus savoureuses et plus chères que les grosses. Il est conseillé de bien les rincer avant de les consommer.

Cardamome
Épice originaire de l'Inde et très présente dans la cuisine orientale. On la trouve en gousses, en graines ou moulue.

Chapelure
Poudre élaborée avec du pain rassis réduit en miettes. On trouve de la chapelure toute prête dans le commerce.

Chocolat
Le chocolat est fait à base de pâte de cacao, de beurre de cacao et de sucre (sans oublier le lait dans le chocolat au lait…). Pour les desserts, on pourra utiliser du chocolat en tablette ou des pépites de chocolat (ces dernières sont surtout très utilisées pour les nappages et autres couvertes fines et délicates à réaliser).

Citron confit
Spécialité d'Afrique du Nord. Les citrons sont conservés, généralement entiers, dans un mélange de jus de citron et de sel. On peut les rincer et les consommer tels quels ou les couper en quartiers pour aromatiser tajines et couscous.

Citronnelle
Herbe longue au goût et à l'odeur de citron. On hache l'extrémité blanche des tiges.

Clou de girofle
Bouton floral non épanoui du giroflier, séché et parfois fumé. D'une saveur aromatique chaude et piquante, le clou de girofle est utilisé pour parfumer les pâtisseries.

Coing
Fruit jaune ayant la forme d'une grosse poire et une peau veloutée. Ne peut être dégusté cru à cause de son goût âcre. Délicieux poché, en confiture ou en pâte de fruit.

Coriandre
Aussi appelée persil arabe ou chinois, cette herbe vert vif a une saveur très relevée. On utilise aussi les racines et les graines qui ont des goûts très différents.

Couscous
Semoule de blé dur réduite en grains fins, originaire d'Afrique du Nord.

Crème fraîche
Produit issu de l'écrémage du lait et constitué de lait très enrichi en matière grasse (au moins 30 %). Elle peut se conserver 1 mois à 5 °C. La crème liquide, elle, fermente plus rapidement.

Crème fouettée
Pour réussir la crème fouettée, il est recommandé de mettre la crème fraîche environ 30 minutes au congélateur. Très froide et ferme, elle montera plus facilement. On peut la fouetter telle quelle ou l'additionner de sucre glace et d'un parfum aromatique (extrait de vanille par exemple).

Cresson
Herbe crucifère poussant dans des lieux humides. Ses feuilles se mangent crues (en salade) ou cuites (en potage ou en sauce). Très périssable, cette plante doit être consommée le jour de son achat.

Curcuma
Racine de la famille du gingembre, séchée puis réduite en poudre d'une teinte jaune intense, très utilisée dans la cuisine asiatique. Elle possède une saveur épicée mais ne pique pas.

Farine
À levure incorporée : Farine de blé tamisée avec de la levure dans la proportion de 10 g de levure pour 230 g de farine.
De blé : Pour tous usages.
De maïs : Utilisée généralement comme épaississant.

Fenouil
Se consomme cru en salade, et braisé ou sauté en légume d'accompagnement. Les graines de fenouil ont une saveur très anisée.

Ficelle de cuisine
Confectionnée dans une matière naturelle comme le coton ou le chanvre, elle n'affecte pas le goût des aliments et ne fond pas à la chaleur.

Feta
Fromage de brebis ou de chèvre d'origine grecque, friable et au goût fort et salé.

Frémissement, frémir
Se dit d'un liquide agité d'un léger frissonnement qui précède l'ébullition. Pour les cuissons prolongées, on gardera ce frémissement.

Fromage frais
Il est issu du lait naturellement fermenté. Plus égoutté que le fromage blanc, il contient donc moins d'eau et offre un aspect de pâte épaisse.

Genièvre
Baie séchée d'un conifère, le genévrier, elle confère sa saveur caractéristique au gin.

Huile
Olive : Les plus parfumées sont les huiles vierges ou vierges extra. Elles proviennent du premier pressage à froid.

Arachide : À base de cacahuètes moulues. Elle supporte de très hautes températures sans brûler et est donc idéale pour les fritures.

Lait
On utilisera de préférence du lait écrémé ou demi-écrémé, moins lourd et plus digeste que le lait entier.

Lait condensé sucré
Le lait condensé sucré est obtenu à partir d'un lait partiellement écrémé ou totalement écrémé. Le sucre est ajouté en début de processus de concentration. Crémeux, épais et d'une teinte jaunâtre, il est utilisé en confiserie pour la fabrication de caramel. Il entre aussi dans la composition de desserts, de crèmes glacées, de glaçages et de sauces. Les gourmands le dégustent nature, en petits berlingots (on le trouve aussi en conserve).

Levure chimique
Agent levant. Lorsque ce mélange acide et alcalin est humidifié et chauffé, il dégage du dioxyde de carbone qui aère et allège l'appareil à la cuisson.

Maïzena
Fécule de maïs utilisée comme épaississant. On la délaie dans un liquide froid avant de l'incorporer au reste de la préparation.

Moutarde
Ce condiment est obtenu à partir de graines de moutarde. Il est plus ou moins fort selon les recettes. La moutarde à l'ancienne, assez douce, présente des graines entières tandis qu'elles sont broyées dans la moutarde forte.

Oignons
Jaune et blanc : Oignons à chair piquante, remplaçables l'un par l'autre ; relèvent toutes sortes de plats.
Vert : Oignon cueilli avant la formation du bulbe, dont on consomme la tige verte ; à ne pas confondre avec l'échalote.
Grelot : Petit oignon blanc cueilli lorsqu'il atteint la taille d'un grelot. On le consomme cru, conservé dans le vinaigre, ou cuit dans des ragoûts ou des daubes.
Rouge : Également appelé oignon espagnol. Plus doux que l'oignon blanc ou jaune, il est délicieux cru dans une salade.

Paprika
Piment doux séché et moulu. Existe en version douce ou forte.

Parmesan
Dur, sec et friable, au goût très marqué. Fabriqué à partir de lait partiellement ou totalement écrémé puis affiné pendant un minimum de 12 mois.

Pâte feuilletée
La pâte feuilletée est une succession de couches de pâte et de matière grasse (généralement du beurre) de même épaisseur. Sous l'effet de la chaleur, le feuilletage se soulève, donnant une pâte croustillante et très aérée. Elle est très utilisée en pâtisserie et s'accommode de très nombreuses garnitures. Longue et assez difficile à préparer pour les débutants, elle est vendue au rayon frais des grandes surfaces soit sous forme de rouleaux, soit en paquet à étaler. Choisissez de préférence une pâte riche en beurre, plus calorique mais tellement plus savoureuse…

Pepitas
Graines de potiron séchées.

Pignons de pin
Petites graines beiges provenant de la pomme de pin.

Piments
Généralement, plus un piment est petit, plus il est fort. Mettez des gants en caoutchouc quand vous les coupez et les épépinez, car ils peuvent brûler la peau.
Chipotle : Piments jalapeños séchés et fumés ; la saveur fumée l'emporte sur la force du piment. Ces piments de 6 cm de long sont brun foncé, presque noirs. On les trouve dans les magasins spécialisés dans les épices.
Éclats : Lamelles et graines entières de piments séchés. Ils sont parfaits pour la cuisson ou en condiment, saupoudrés sur des plats cuits.
Moulu : À utiliser faute de piments frais, à raison de 1/2 cuillerée à café de piment moulu pour un piment frais moyen haché.
Cayenne : Piment rouge long, extrêmement fort, généralement vendu séché et moulu (poivre de Cayenne).

Pistache
Fruit du pistachier, la pistache est contenue dans une coque dure. Sa chair verte et sa saveur très douce. Elle est utilisée nature ou salée. Délicieuse en pâtisserie. Si vous achetez des pistaches non décortiquées, vérifiez que la coque est entrouverte, signe que la graine est mûre et prête à être consommée. Pour enlever la peau des pistaches décortiquées, faites-les blanchir 2 minutes dans de l'eau bouillante puis plongez-les aussitôt dans l'eau froide. Elles se conservent dans un récipient hermétique, dans un endroit frais et sec.

Poireau
Il appartient à la famille de l'oignon et ressemble à un oignon vert géant mais son goût est plus doux et plus subtil.

Pois cassés
Pois jaunes ou verts séchés. Ils entrent dans la composition de soupes et de ragoûts. Cuisinés seuls avec des épices, ils constituent un plat complet très riche.

Pois chiches
Aussi appelés, garbanzos, channa ou houmous, ces pois de couleur sable sont très utilisés dans la cuisine méditerranéenne.

Pois gourmands
Ou pois mange-tout. Plus petits et plus tendres que les haricots mange-tout, ils se cuisent très rapidement (2 minutes), de préférence à l'eau ou à la vapeur. Saveur très délicate. Se consomme au printemps.

Poivre
Outre les principales variétés décrites ici, vous trouverez dans les épiceries fines différents poivres (poivre du Penjah, poivre du Sichuan…) dont les goûts peuvent être subtilement parfumés ou au contraire puissants. Certains sont assez chers mais peuvent apporter une touche très délicate à un plat de fête.
De Cayenne : À base de piments séchés puis broyés, très fort ; il peut remplacer les piments frais.
Vert : Baie du poivrier cueillie verte ; généralement vendu en saumure (ou sec). Son goût frais se marie bien avec les sauces à la moutarde ou à la crème.
Noir : Baie cueillie à peine mûre ; c'est le poivre le plus puissant.

Poivron
Originaire d'Amérique centrale et du Sud, il existe en diverses couleurs, rouge, vert, jaune, noir violacé et orange. Retirez les graines et les membranes avant de l'utiliser.

Ricotta
Le nom de ce fromage de vache à pâte molle blanche signifie « recuite ». Il est à base de petit-lait, un sous-produit d'autres fromages, auquel on ajoute du lait frais et de l'acide lactique. La ricotta est un fromage doux avec un pourcentage de matières grasses de 8,5 % et une texture légèrement granuleuse.

Riz
Arborio : Riz à petits grains ronds, à forte capacité d'absorption de liquide.
Basmati : Riz blanc à longs grains très parfumé. Le rincer plusieurs fois avant de l'utiliser.

Au jasmin : Riz aromatique à longs grains qui peut remplacer le riz blanc.

Roquette
Salade verte au goût poivré. Les jeunes feuilles ont une saveur plus douce. Elle peut être cuite ou consommée crue.

Safran
Sous forme de stigmates ou moulu, il donne une belle teinte jaune aux aliments. Cette épice très parfumée est parmi les plus coûteuses.

Semoule de blé dur
Fabriquée à partir du cœur du blé, moulue plus ou moins finement, mais toujours plus fine que la farine ordinaire. Ingrédient essentiel des bonnes pâtes fraîches, des gnocchis et de nombreuses pâtisseries du Moyen-Orient et de l'Inde.

Sucre
Brun : Sucre finement granulé dans lequel subsiste de la mélasse qui lui confère sa couleur et sa saveur particulières.
Sucre glace : Sucre extra-fin obtenu par le broyage de sucre cristallisé blanc raffiné ou non.
Semoule : (en poudre) Sucre cristallisé broyé finement.
De palme : Il est confectionné à partir de la sève de certains palmiers. De brun clair à brun très foncé, il se présente sous la forme de blocs durs, à râper. Il peut être remplacé par de la cassonade.

Tomate
Cerise : Tomate petite et ronde.
Olivette ou Roma : Tomate assez petite de forme ovale.
Semi-séchée : Morceaux de tomates partiellement séchés et conservés dans l'huile d'olive. Elle est plus tendre et plus juteuse que la tomate séchée, mais se conserve moins longtemps.

Vanille
Gousse : Longue et fine, séchée, elle contient de minuscules graines noires qui confèrent une saveur incomparable aux pâtisseries et aux desserts. Vous confectionnerez votre propre sucre vanillé en mettant une gousse dans un bocal de sucre.
Extrait : Obtenu par macération de gousses dans de l'alcool ; l'essence de vanille n'est pas un bon substitut.

Préparer des bouillons maison

Ces recettes peuvent être préparées quatre jours à l'avance et conservées, à couvert, au réfrigérateur. Enlevez la graisse en surface quand vous sortez le bouillon refroidi. Pour le conserver plus longtemps, congelez-le dans plusieurs petits récipients.

On peut aussi se procurer du bouillon en boîte et en berlingots, ou bien en utiliser en cubes ou en poudre. Sachez qu'une cuillérée à thé de bouillon en poudre ou un petit cube écrasé mélangé à 250 ml d'eau donnera un bouillon relativement fort. Prenez garde au sel et aux graisses contenus dans ces préparations toutes faites.

Toutes les recettes de bouillon figurant ci-dessous donnent environ 3 litres.

Bouillon de bœuf

2 kg d'os de bœuf garnis de viande
2 oignons moyens (300 g)
2 branches de céleri émincées
2 carottes moyennes (250 g) en tranches fines
3 feuilles de laurier
2 c. c. de poivre noir
5 l d'eau
3 l d'eau, supplémentaires

Mettez les os et les oignons hachés non pelés dans un plat allant au four. Faites cuire à four chaud 1 heure environ, ou jusqu'à ce que os et oignons soient bien brunis. Transférez-les dans une grande casserole, ajoutez le céleri, les carottes, les feuilles de laurier, le poivre et l'eau. Laissez mijoter, sans couvrir, 3 heures. Ajoutez le reste de l'eau, faites frémir encore 1 heure sans couvrir. Passez.

Bouillon de poule

2 kg d'os de poulet
2 oignons moyens (300 g) émincés
2 branches de céleri en tranches fines
2 carottes moyennes (250 g) en tranches fines
3 feuilles de laurier
2 c. c. de poivre noir
5 l d'eau

Mélangez tous les ingrédients dans une grande casserole. Laissez mijoter, sans couvrir, 2 heures. Passez.

Bouillon de légumes

2 grosses carottes (360 g) en tranches
2 gros navets (360 g) en tranches
4 oignons moyens (600 g) en tranches
12 branches de céleri en tranches
4 feuilles de laurier
2 c. c. de poivre noir
6 l d'eau

Mélangez tous les ingrédients dans une grande casserole. Faites mijoter, sans couvrir, 1 h 30. Passez.

Table des recettes

marabout**chef**

réussite garantie • recettes testées 3 fois

Vous avez choisi "Recettes à l'espagnole", découvrez également :

Et aussi :

ENTRES AMIS
Apéros

RAPIDES
Recettes au micro-ondes
Recettes de filles
Salades pour changer

CUISINE DU MONDE
Spécial Wok
Cuisine thai pour débutants
Recettes chinoises
Sushis et cie
A l'italienne
Cuisiner grec

CLASSIQUES
Pain maison
Grandes salades
Recettes de famille
Spécial pommes de terre
Pasta
Tartes, tourtes et Cie

PRATIQUE
Recettes pour bébé
Cuisiner pour les petits

SANTÉ
Desserts tout légers
Cuisine bio
Recettes Detox
Recettes rapides et légères
Recettes pour diabétiques
Recettes anti-cholestérol
Recettes minceur
Recettes bien-être
Tofu, soja et Cie
Recettes végétariennes

GOURMANDISES
Les meilleurs desserts
Tout chocolat…

Traduction et adaptation de l'anglais par : Farrago
Packaging : Domino / Relecture : Philippe Rollet
Marabout - 43, quai de Grenelle – 75905 Paris CEDEX 15

Publié pour la première fois en Australie
en 1997 sous le titre : "Easy spanish style"
© 1997 ACP Publishing Pty Limited.
Photos de 2e et 3e de couverture et page 1 : © Frédéric Lucano, stylisme : Sonia Lucano
© 2004 Marabout pour la traduction et l'adaptation.